Sewing Pattern Book II

Dress
원피스 기본 패턴집

노기 요코 지음 | 남궁가윤 옮김

Contents

※ 몸판, 소매, 목둘레, 칼라는 모두 자유롭게 조합할 수 있습니다.
※ 단, 빅 실루엣은 단독으로 소개하는 것이므로 위 사항에 해당하지 않습니다.

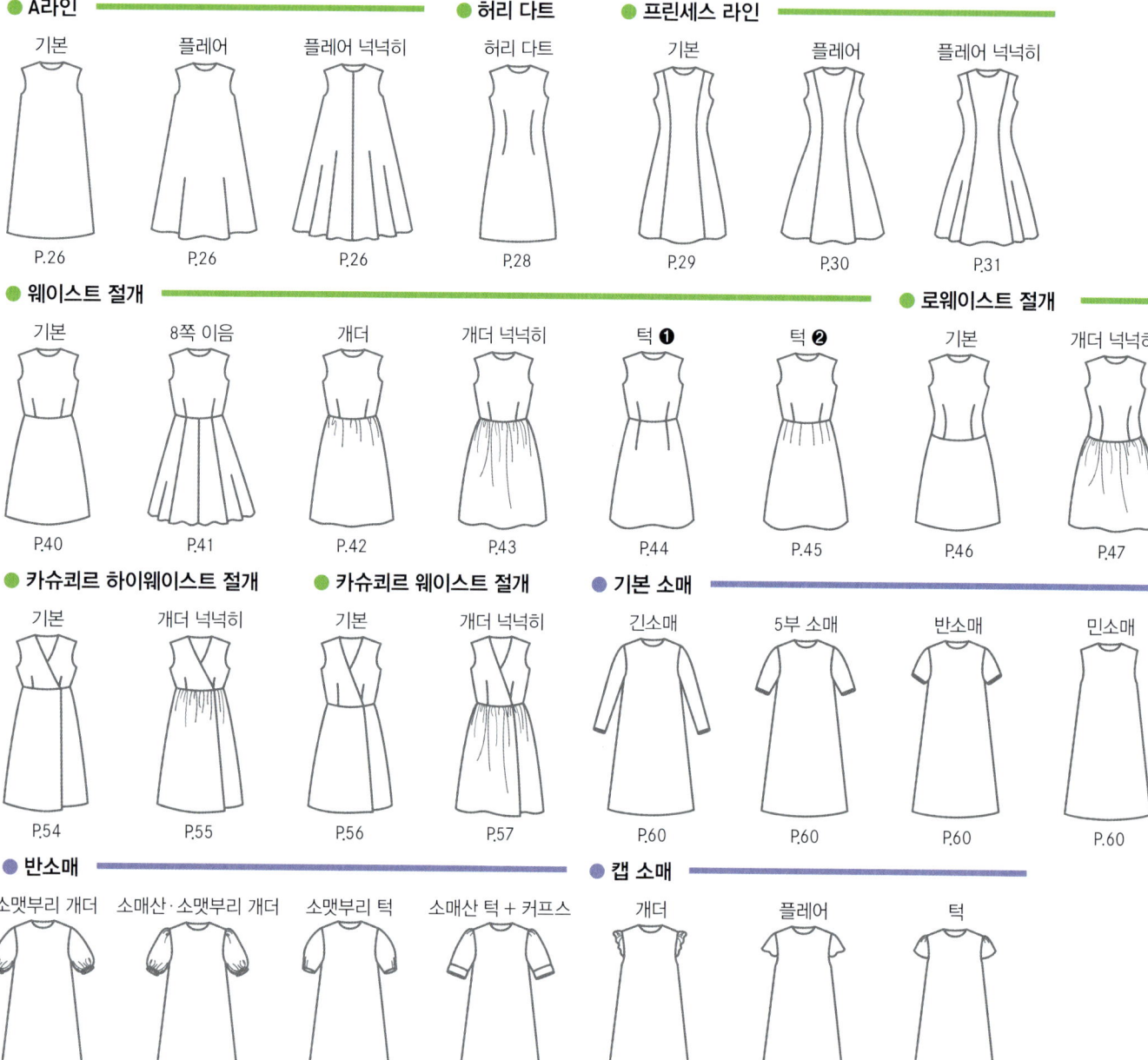

● A라인
- 기본 P.26
- 플레어 P.26
- 플레어 넉넉히 P.26

● 허리 다트
- 허리 다트 P.28

● 프린세스 라인
- 기본 P.29
- 플레어 P.30
- 플레어 넉넉히 P.31

● 웨이스트 절개
- 기본 P.40
- 8쪽 이음 P.41
- 개더 P.42
- 개더 넉넉히 P.43
- 턱 ❶ P.44
- 턱 ❷ P.45

● 로웨이스트 절개
- 기본 P.46
- 개더 넉넉히 P.47

● 카슈쾨르 하이웨이스트 절개
- 기본 P.54
- 개더 넉넉히 P.55

● 카슈쾨르 웨이스트 절개
- 기본 P.56
- 개더 넉넉히 P.57

● 기본 소매
- 긴소매 P.60
- 5부 소매 P.60
- 반소매 P.60
- 민소매 P.60

● 반소매
- 소맷부리 개더 P.69
- 소매산·소맷부리 개더 P.69
- 소맷부리 턱 P.70
- 소매산 턱 + 커프스 P.71

● 캡 소매
- 개더 P.72
- 플레어 P.73
- 턱 P.74

이 책의 사용법 … P.4
치수 재기 … P.5
각 부분의 명칭, 선의 종류와 기호 … P.6
원단 … P.7~9
도구 … P.10·11
시접 … P.12·13
시접 처리 … P.14
패턴 보정하는 법 … P.15~17
옷 길이 비교 … P.19
개더 … P.53
다트 … P.75
안단과 바이어스 테이프 … P.83
단추와 단춧구멍 … P.87
지퍼 … P.88·89
안감 … P.90

원피스를 만들어보자
Picture page / How to make page
A라인 원피스 … P.18 / P.92
카슈쾨르 원피스 … P.20 / P.95
빅 실루엣 원피스 … P.21 / P.98
롤칼라 원피스 … P.22 / P.101
패널 라인 원피스 … P.23 / P.103
캐미솔 … P.24 / P.106
How to make … P.91

Sewing Pattern Book
Dress

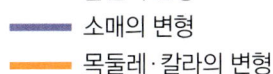
— 몸판의 변형
— 소매의 변형
— 목둘레·칼라의 변형

● 패널 라인
- 기본 P.32
- 플레어 P.33
- 플레어 넉넉히 P.34

● 하이웨이스트 절개
- 기본 P.35
- 개더 P.36
- 개더 넉넉히 P.37
- 턱 ❶ P.38
- 턱 ❷ P.39 
- 턱 ❶ P.48
- 턱 ❷ P.49

● 어깨 요크 절개
- 개더 P.50
- 핀턱 P.51
- 턱 P.52

● 빅 실루엣
- 기본 P.58
- 플레어 P.59

● 긴소매
- 소맷부리 개더 P.62
- 소매산·소맷부리 개더 P.62
- 벌룬 P.63

● 7부 소매
- 플레어 P.64
- 소맷부리 고무 밴드 P.65

● 5부 소매
- 소맷부리 커프스 P.66
- 벌룬 P.67
- 튤립 P.68

● 목둘레
- 라운드넥(기본) P.76
- 라운드넥(넓게) P.76
- 브이넥 P.77
- 보트넥 P.78
- 스퀘어넥 P.79
- 안단 트임 P.80
- 파이핑 + 리본 P.81
- 덧단 트임 P.82

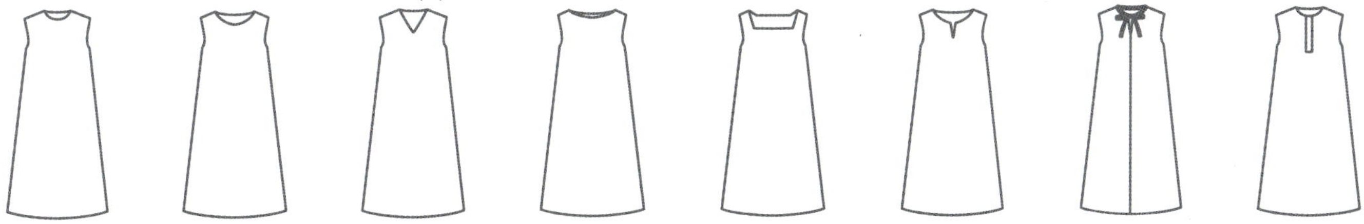

● 칼라
- 셔츠칼라 P.84
- 플랫칼라 P.85
- 롤칼라 P.86

⊙ 이 책에 수록된 작품을 복제해 온·오프라인 숍 등에서 판매하는 행위는 금지되어 있습니다. 집에서 내 손으로 직접 만드는 즐거움에만 활용해주세요.

Sewing Pattern Book
Dress

이 책의 사용법

해당 부분의 종류
몸판·소매·칼라 등 각 부분의 변형과 이름을 표시합니다.

해설
패턴의 특징과 만드는 법의 포인트 등을 설명합니다.

Pattern
실물 크기 패턴을 축소한 것으로 해당 부분의 사용법을 보여줍니다.
- 【 】 안의 알파벳 … 실물 크기 패턴이 실린 면, 그 뒤의 내용은 해당 부분 이름입니다.
- 회색으로 된 부분 … 실물 크기 패턴은 선이 여러 개 겹쳐져 있어 페이지 안에서는 알아보기 쉽도록 사용하는 부분을 회색으로 구분했습니다. 단독으로 사용하는 부분에는 색이 없습니다.
- 기본적으로 안쪽 선이 완성선(패턴에서 표시한 선), 바깥쪽 선이 시접선입니다.
- 시접 폭, 접착심, 식서 방향은 기준이 되는 표시입니다. 디자인이나 만드는 법에 따라 달라지므로 참고하세요.
- 직선이면서 치수가 적혀 있는 것은 기본적으로 패턴이 없습니다.

이미지 사진
샘플 작품은 원단 질감에 따른 오차가 생기지 않도록 모두 얇은 시팅으로 만들었습니다. 앞모습, 옆모습, 뒷모습을 필요에 따라 보여줍니다.

인덱스
변형 종류와 부분명을 표시했습니다.

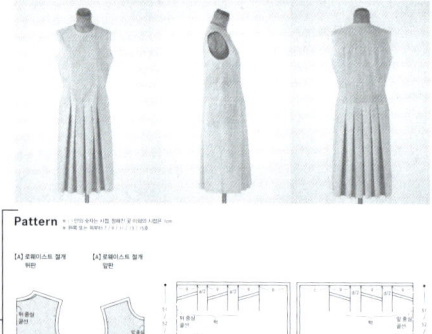
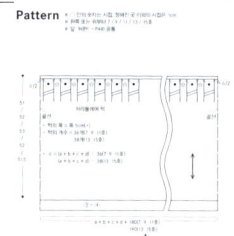
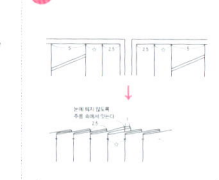

one point
만드는 법의 부분 설명, 활용법, 알아두면 편리한 정보입니다. 이 부분이 없는 페이지도 있습니다.

패턴을 옮겨 그리는 법

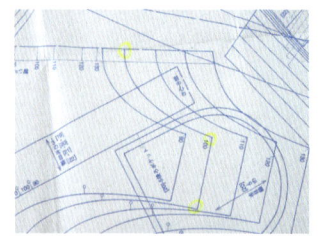

1 실물 크기 패턴에서 만들고 싶은 디자인과 사이즈를 골라서 알아보기 쉽도록 모서리 등의 포인트를 형광펜 등으로 표시합니다.

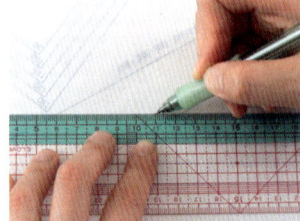

2 실물 크기 패턴 위에 패턴지를 겹치고, 움직이지 않도록 문진으로 누릅니다. 방안자를 이용해 패턴의 선을 옮겨 그립니다.

3 곡선 부분은 직선자의 각도를 조금씩 바꿔가며 그리거나 곡선자에서 곡선 각도가 맞는 부분에 맞춰 그립니다.

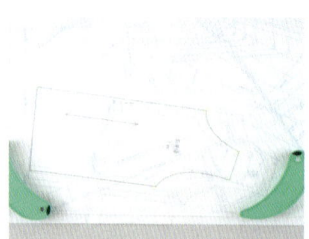

4 식서 방향이나 맞춤점도 옮겨 그리고 해당 부분의 이름을 적습니다.

Sewing Pattern Book
Dress

치수 재기

이 책은 다음의 사이즈표를 기준으로 7~15호 패턴을 실었습니다.
각자 신체 치수를 재서 어느 사이즈가 맞는지 확인합니다.

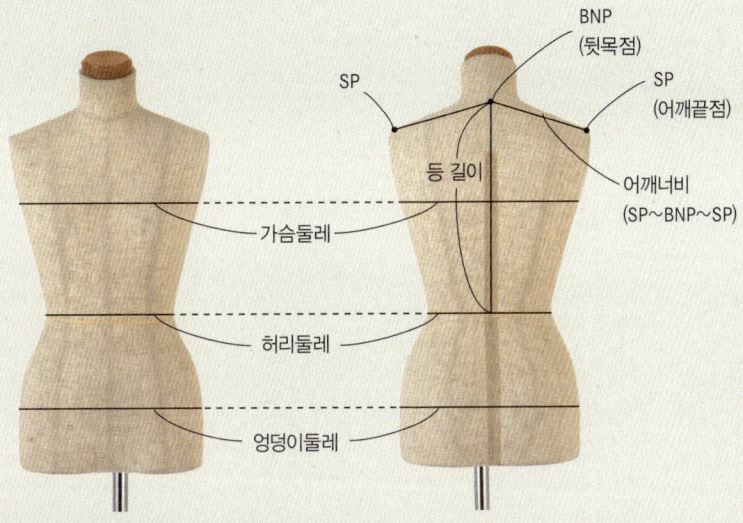

사이즈표

속옷을 입은 상태에서 잰 치수(신체 치수)   단위=cm

사이즈(호)	가슴둘레	허리둘레	엉덩이둘레	어깨너비	키	등 길이
7	80	60	86	38	150~156	38
9	84	64	90	39	156~162	39
11	88	68	94	40	162~168	40
13	93	73	99	41	162~168	40
15	98	78	104	42	162~168	40

완성 사이즈

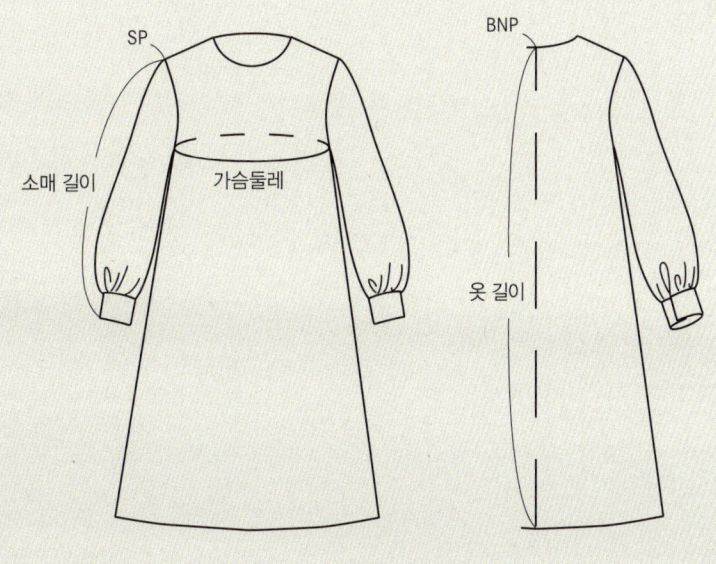

Sewing Pattern Book
Dress

각 부분의 명칭

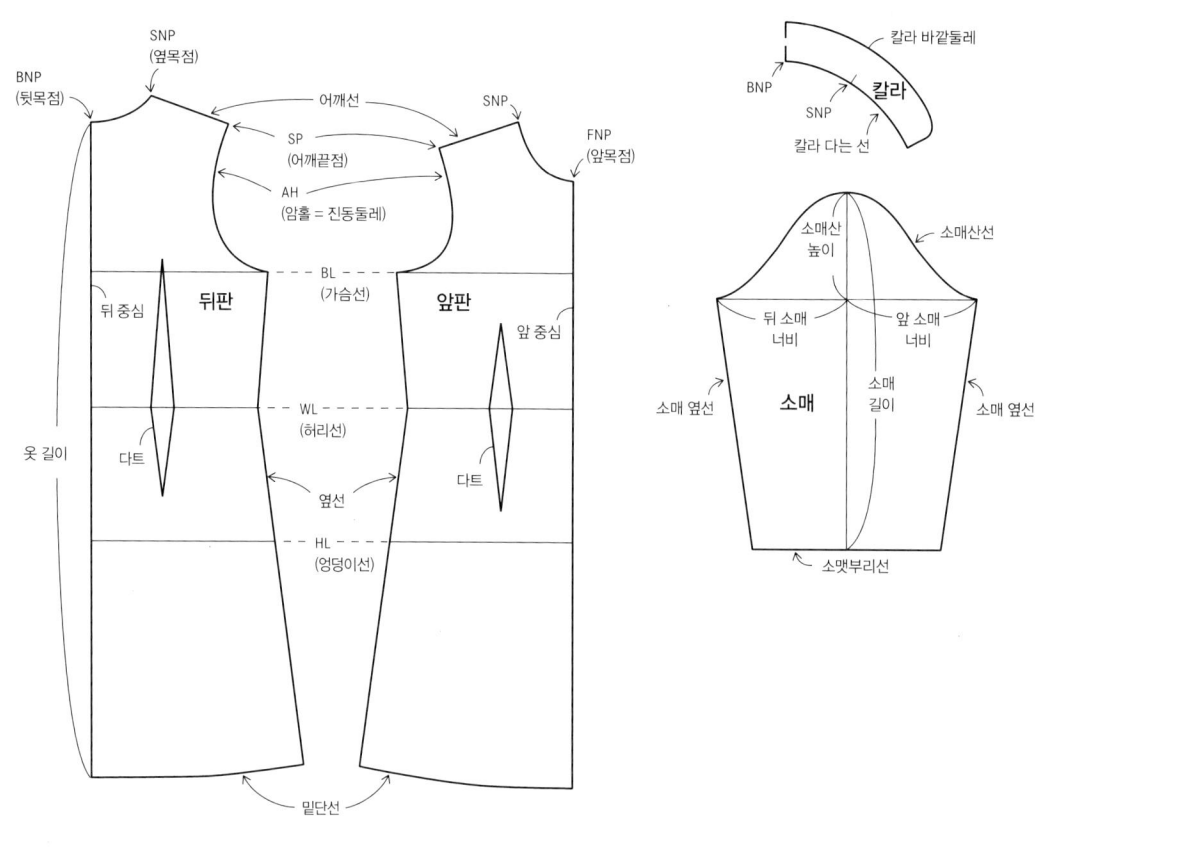

선의 종류와 기호

완성선 골선 식서 방향 안내선 안단선 스티치선 개더 맞춤점 맞댐 표시

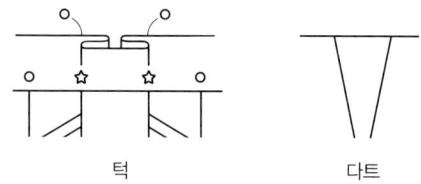

턱 다트

완성선
완성된 부분을 표시하는 선.

골선
원단을 반으로 접었을 때 접음선 부분.

식서 방향
원단의 식서와 평행인 세로 올 방향을 나타내는 기호.

안내선
접어 올리는 위치 등 보조선 역할을 한다.

안단선
안단 다는 위치를 표시하는 선.

스티치선
겉에 보이는 스티치를 표시하는 선.

개더
주름을 잡아서 줄이는 위치를 나타내는 기호.

맞춤점
따로 떨어진 부분을 이을 때 어긋나지 않도록 하기 위한 기호.

맞댐 표시
떨어진 부분끼리 맞대라는 기호.

턱
사선의 높은 쪽에서 낮은 쪽을 향해 접는다.

다트
선 2개를 겹쳐서 박으라는 기호.

원단

원단 선택은 실루엣이나 디자인을 결정하는 데 아주 중요합니다. 원단의 종류와 특징을 잘 이해하여 작품을 이미지대로 만들어봅시다.

원단 명칭

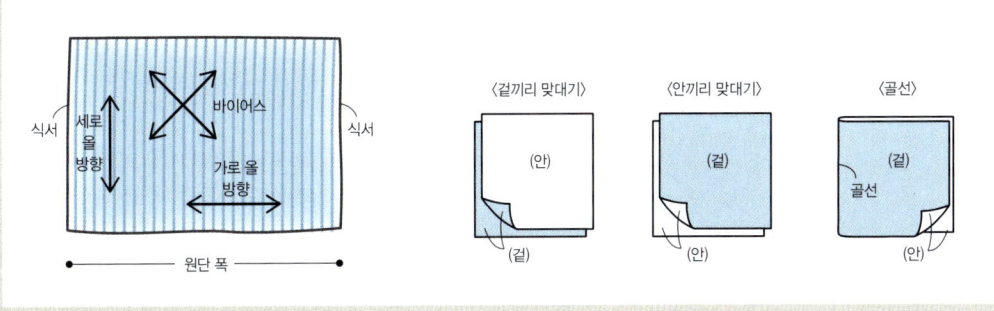

원단 준비

[선세탁]

세탁했을 때 줄어드는 원단은 재단하기 전에 물에 담가서 미리 수축시킵니다. 단, 물에 담그면 색이 빠지거나 감촉이 변하는 소재, 화학섬유, 실크는 선세탁을 하지 않습니다.

● **면(코튼)·마(리넨)**

1 병풍 모양으로 접은 원단을 물을 충분히 받아서 하룻밤 담가둡니다.

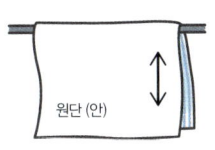
2 물기를 살짝 짜고 원단의 올 방향을 정리해 그늘에서 말립니다.

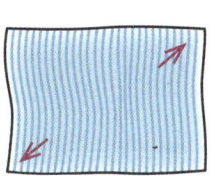
3 완전히 마르기 전에 올 방향이 직각이 되도록 당겨서 정리합니다.

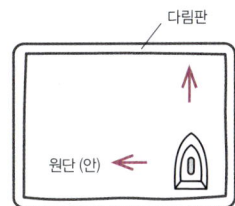
4 축축한 상태에서 올 방향을 따라 원단 안쪽에서 다립니다.

● **화학섬유**
선세탁과 올 바로잡기를 할 필요가 없습니다. 주름이 신경 쓰이면 낮은 온도로 다려서 살짝 폅니다.

● **견(실크)**
선세탁은 하지 않고 낮은 온도로 다려서 올 방향을 정리합니다.

● **울**
원단 전체에 물을 분무해 습기를 주고, 큰 비닐봉지에 넣어 수분 증발을 방지하며 하룻밤 놔둡니다. 원단을 꺼내고 안쪽에서 낮은 온도로 다려 올 방향을 정리합니다. 원단의 감촉이 나빠지지 않도록 천을 덧대거나 다리미를 원단에서 조금 띄우는 식으로 조정하며 다립니다.

[올 바로잡기]

날실과 씨실이 일그러지지 않고 직각으로 교차한 상태가 되도록 정리하는 것을 '올 바로잡기'라고 합니다.

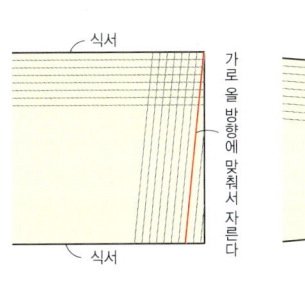
1 올 방향이 비뚤어졌다면 가로 올 방향에 맞춰서 원단을 자릅니다.

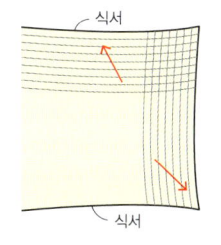
2 원단을 당겨서 일그러진 올 방향을 바로잡습니다.

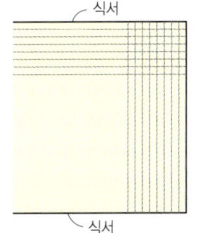
3 올 방향이 직각이 되도록 정리하면서 다립니다.

식서가 운다면
식서 폭에 꽉 차게 가위집을 넣은 뒤 다려서 올 방향을 정리합니다.

원단 종류 ※ 샘플 원단은 10cm×10cm 크기

작품 P.21

리넨
아마를 원료로 한 천연섬유로 짠 원단으로, 강도가 있고 부드럽다. 흡수성이 뛰어나고 청량감이 있어서 여름옷에 적합하지만, 최근에는 연중 쓰이고 있다. 다루기가 조금 어려우나 특유의 주름과 감촉 덕분에 인기 있다. 사진 중앙의 플로키 프린트는 입체감 있는 프린트라서 포인트가 된다.

코튼
촉감이 좋고 땀을 잘 흡수하므로 다양한 의류에 쓰인다. 왼쪽의 꽃무늬는 도비직에 작은 무늬를 프린트한 원단이다. 오른쪽 깅엄체크는 폴리에스테르 혼방이라서 주름이 잘 지지 않고 살짝 광택이 있다. 개더를 많이 잡는 디자인에 좋다.

코듀로이·면벨벳
왼쪽은 위아래로 골이 가늘게 진 코듀로이. 짧은 털의 결이 위를 향하게 해 재단하고 사용한다. 오른쪽은 주름 가공을 한 면벨벳. 두꺼운 면벨벳은 다루기 어려우므로 얇은 것이 좋다. 피부에 닿았을 때 따스하게 느껴지는 원단이므로 가을·겨울옷에 적합하다.

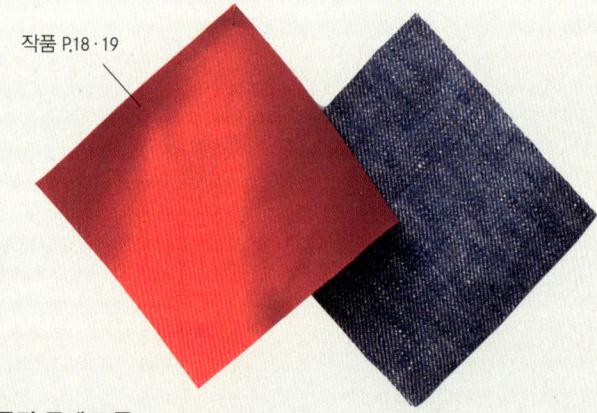

작품 P.18·19

중간 두께 코튼
올이 촘촘하고 튼튼한 원단으로 올 방향이 잘 유지되어서 바느질하기 편하다. A라인이나 턱이 들어간 디자인에 추천한다. 두께가 적당하고 비치지 않으므로 한 겹으로 만드는 원피스에 적당하다. 대표적인 원단에는 데님, 버버리 등이 있다.

작품 P.22

스트레치
왼쪽의 줄무늬 원단은 가는 요철이 있는 시어서커 스트레치 니트. 오른쪽 체크무늬 원단은 이중직 스트레치 니트. 스트레치 원단은 신축성이 있어서 착용감이 좋다. 신축성이 적은 것을 고르면 가정용 재봉틀로 쉽게 바느질할 수 있다.

실크
천연섬유 중에서도 부드럽고 광택 있는 고급스러운 촉감이 특징이다. 드레이프성이 있는 것부터 빳빳한 것까지 다양하다. 드레이프성이 있는 실크 원단은 플레어가 예쁘게 만들어지므로 우아한 디자인에 적합하다.

Sewing Pattern Book
Dress

작품 P.20

플란넬·울

왼쪽의 코튼 플란넬 프린트 원단은 기모 소재라서 따스하고 보드라운 것이 특징이다. 오른쪽은 평직 울 프린트 원단. 둘 다 얇지만, 촉감이 따스해 가을·겨울용 원피스에 추천한다. 얇아서 주름이 예쁘게 잡힌다.

기모 울·압축 니트 울

왼쪽은 기모 울 체크 원단. 큰 무늬 원단은 재단할 때 무늬 맞추기를 해야 하므로 원단 필요량을 계산할 때 주의한다. 오른쪽의 압축 니트 울은 모사로 짠 평직 니트를 압축한 원단으로, 니트 원단에서 보이는 코가 보이지 않는다. 가을·겨울용 원피스에 적합하다.

작품 P.23

작품 P.24

화학섬유

왼쪽은 믹스 트위드, 중앙은 트위드, 오른쪽은 직조무늬 원단. 화학섬유는 주름이 잘 지지 않아서 옷 만들기에 적합하다. 중간 두께 원단에 비치지 않고 다루기도 쉽다. 코튼이나 실크 같은 천연섬유가 조금 섞인 원단도 추천.

큐프라

면화를 따고 남은 짧은 섬유로 만든 재생섬유. 안감으로 많이 이용한다. 질감의 종류와 색상 수가 다양하다. 매끄러워서 촉감이 좋지만, 재단과 봉제가 어려우므로 초보자는 힘 있는 종류를 고르는 것이 좋다.

[무늬 맞추기]

가로선과 세로선을 맞춥니다. 세로는 뒤 중심, 앞 중심, 소매 중심에 같은 무늬가 오도록 배치합니다. 가로는 가슴선과 소매너비선이 일직선이 되도록 배치해 무늬를 맞춥니다.

Sewing Pattern Book
Dress

도구

패턴을 만들고 원단을 재단해 봉제해서 작품을 완성하려면 여러 도구가 필요합니다.
처음부터 도구를 다 갖출 필요는 없지만, 편리한 도구를 잘 사용하면 옷 만들기가 한층 편해집니다.

도구 제공 / ★ = 클로버주식회사, 봉제실 = 주식회사후직스

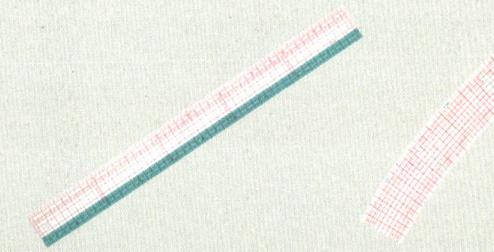 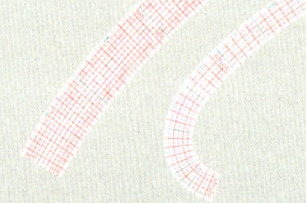  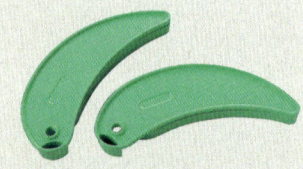

방안자★
길이 50cm에 모눈(방안)이 인쇄되어 있는 투명한 자가 편리합니다. 치수를 재거나 패턴을 옮겨 그릴 때 사용합니다.

곡선자★
제도하거나 패턴을 옮길 때 곡선 부분을 그리는 데 사용합니다.

패턴지★
밑에 있는 내용이 비쳐 보이는 얇고 튼튼한 종이. 제도나 패턴을 만드는 데 사용합니다.

문진★
패턴이 어긋나지 않도록 고정하기 위한 누름돌.

초크 펜슬★
원단에 표시할 때 쓰는 펜슬. 세탁하면 지워지는 수용성 타입이 편리합니다.

원단용 먹지★
원단에 표시할 때 사용합니다. 단면 타입과 양면 타입이 있고 소프트 룰렛과 함께 사용합니다.

소프트 룰렛★
원단용 먹지와 함께 사용합니다. 끝이 뭉툭한 톱니바퀴가 달려 있습니다.

 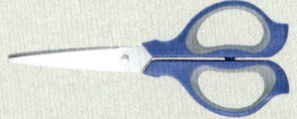  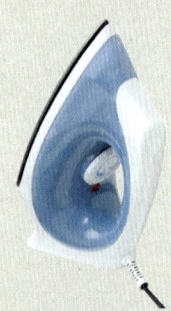

재단 가위★
원단을 자르는 가위. 원단 이외의 것을 자르면 날이 잘 들지 않게 되니 원단 전용 가위를 준비합니다.

종이 가위
패턴 등 종이나 원단 외에 고무 밴드나 끈 등을 자를 때 사용합니다.

쪽가위★
실을 자르는 가위. 세밀한 부분을 자를 때도 씁니다.

다리미
올 바로잡기, 주름 펴기, 모양 정리, 접기, 가르기 등 양재에 꼭 필요한 도구. 한 단계씩 과정이 끝날 때마다 다려서 모양을 정리하면 완성했을 때 확실히 차이가 납니다.

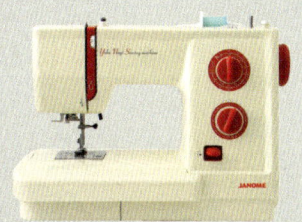

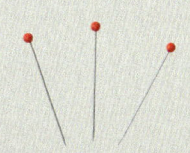

재봉틀
가정용 재봉틀. 직선 박기 외에 원단 가장자리를 처리할 수 있는 지그재그 스티치나 버튼홀 스티치 기능이 있는 재봉틀이 좋습니다.

핀 쿠션★
사용 중인 시침핀이나 바늘을 꽂아두는 도구.

시침핀★
원단끼리 임시로 고정할 때 사용합니다. 유리로 된 핀 머리는 열에 강하므로 시침핀을 꽂은 채로 다림질을 해도 안심.

시침 클립★
두꺼운 원단이나 구멍을 내고 싶지 않은 소재를 임시로 고정할 때 사용합니다.

송곳★
재봉할 때 원단을 앞으로 보내거나 모서리를 정리할 때 사용합니다.

실뜯개★
바늘땀을 뜯거나 단춧구멍을 뚫을 때 사용합니다.

고무줄 끼우개★
고무 밴드나 끈을 끼울 때 끝을 집어서 고정한 상태에서 끼우는 도구.

재봉틀 바늘과 실

재봉틀 바늘과 봉제실은 사용할 원단에 적합한 것을 골라야 바늘땀이 깔끔합니다. 바늘 호수는 숫자가 클수록 바늘이 굵어지고 작을수록 가늘어집니다. 실의 번수(굵기)는 숫자가 클수록 실이 가늘어지고 작을수록 굵어집니다. 원단의 두께와 소재에 따라 구분해 사용합니다.

원단 종류(기준)	재봉틀 바늘	봉제실
얇은 원단 (면 론, 보일 등)	9~11호	90번
중간 두께 원단 (코튼, 리넨, 나일론, 얇은 데님, 얇은 울 등)	11~14호	60번
두꺼운 원단 (데님, 울, 트위드 등)	14~16호	30~60번

실 색깔 맞추기

기본적으로 바늘땀이 눈에 띄지 않게 원단과 실의 색깔을 맞추지만, 꼭 그런 것은 아닙니다. 스티치를 살리고 싶다면 일부러 눈에 띄는 색이나 굵은 실로 바꿔서 포인트를 줘도 OK.

연한 색 원단
원단 위에 견본첩의 실을 겹쳐보고 가장 가까운 색을 고릅니다. 딱 맞는 색이 없으면 조금 연한 색을 골라야 바늘땀이 눈에 띄지 않습니다.

진한 색 원단
원단 위에 견본첩의 실을 겹쳐보고 가장 가까운 색을 고릅니다. 딱 맞는 색이 없으면 조금 진한 색을 골라야 바늘땀이 눈에 띄지 않습니다.

무늬 있는 원단
무늬에 가장 많이 쓰인 색을 고릅니다. 그러면 무늬와 어울려서 바늘땀이 눈에 띄지 않습니다.

시접

시접 폭이나 모서리 부분은 만드는 법이나 사용하는 소재에 따라 달라집니다. 올이 풀리기 쉬운 원단이나 두께가 있는 소재라면 시접을 조금 넉넉하게 두고, 곡선이 급한 부분은 줄이는 식으로 조절합니다. 잘 모르거나 염려스럽다면 일단 시접을 넉넉하게 두고 나중에 남는 부분을 잘라도 됩니다.

기준이 되는 시접 폭

밑단, 소맷부리 등의 한 번 접어박기	2~4cm
밑단, 소맷부리 등의 두 번 접어박기	2~4cm
칼라둘레, 목둘레 등 급한 곡선	0.7cm
옆선, 소매 옆선, 어깨선, 진동둘레 등	1cm

시접 넣는 법

먼저 선(직선, 곡선) 부분은 방안자를 사용해 완성선과 평행으로 시접선을 그립니다. 이어서 모서리 부분의 시접을 넣습니다. 모서리 시접은 봉제 방법이나 시접 넘기는 방향에 따라 달라지니 그림을 참조해 박음질 순서를 생각하며 적절하게 넣습니다.

※ 먼저 박는 쪽을 연장하는 것이 기본.

※ 접어 올리는 모서리(소맷부리나 밑단 등)는 접어 올리는 쪽을 연장합니다.

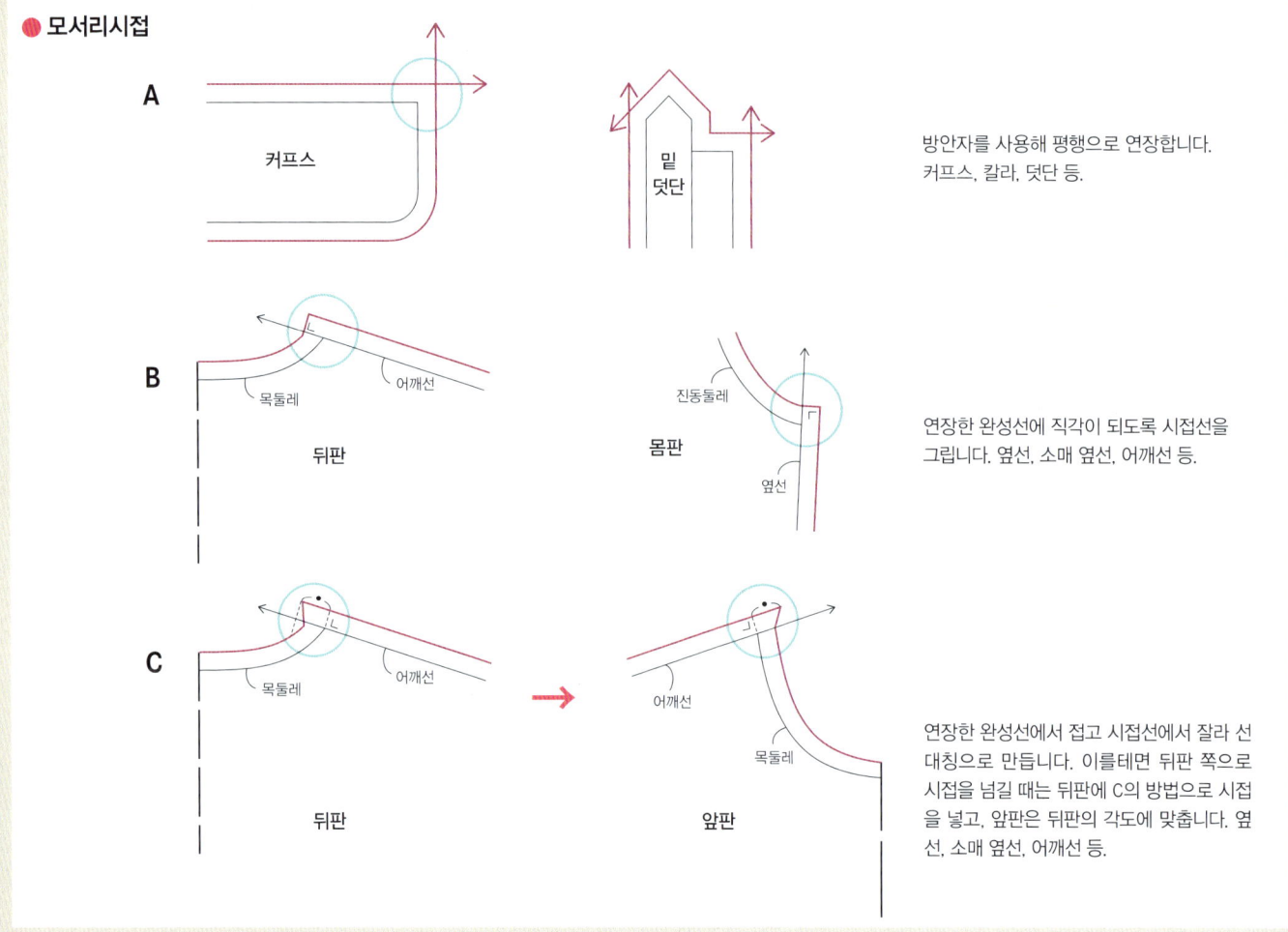

● 접어 올리는 모서리 시접 (예 : 소맷부리)

한 번 접기

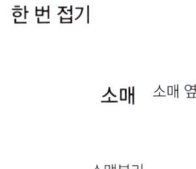
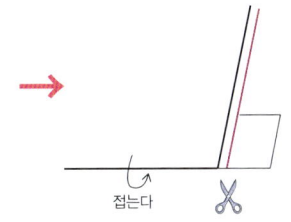
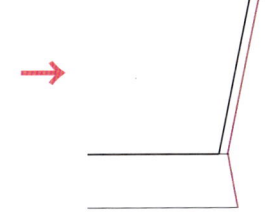

두 번 접기

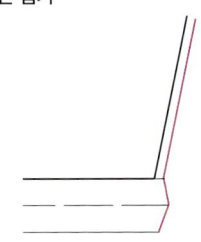

1 소맷부리의 완성선을 연장하고 모서리 주위를 넉넉하게 남겨서 패턴을 자릅니다.

2 완성선에서 접어 올리고, 소매 옆선의 시접선을 따라서 남는 부분을 자릅니다.

3 필요한 만큼 시접을 넣었습니다.

한 번 접기와 같은 방법으로 하는데 시접을 두 번 접은 뒤 남는 부분을 자릅니다.

● 다트 ※ 턱도 방법은 같다

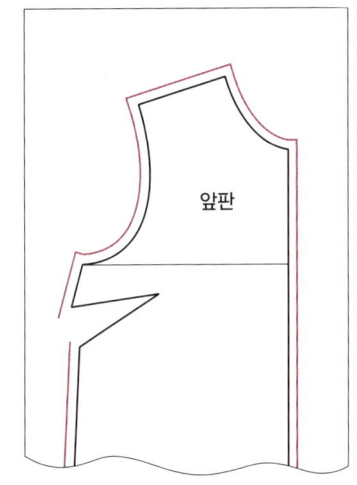
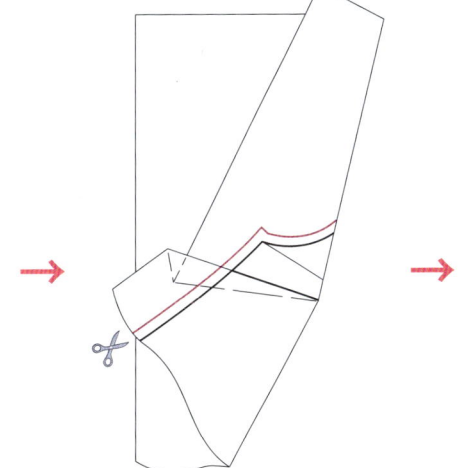
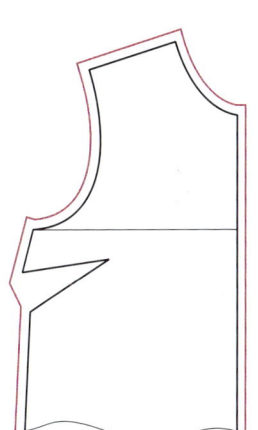

1 다트 부분을 남기고 시접선을 그립니다.

2 다트를 접고 시접선을 자릅니다.
※ 다트를 넘기는 방향에 주의합니다.

3 필요한 만큼 시접을 넣었습니다.

시접을 그리기 전에 주의할 점

● 골선과 교차하는 선

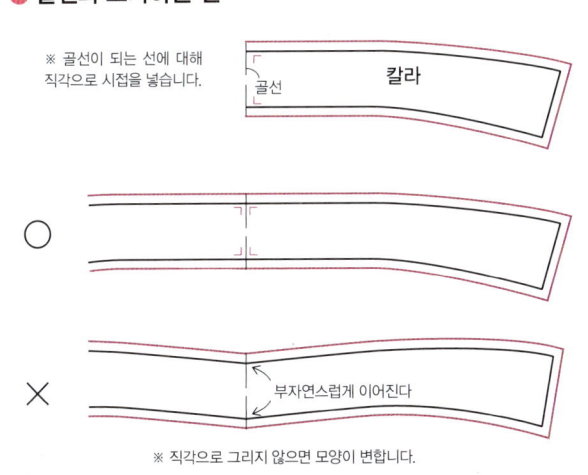

● 맞춤점

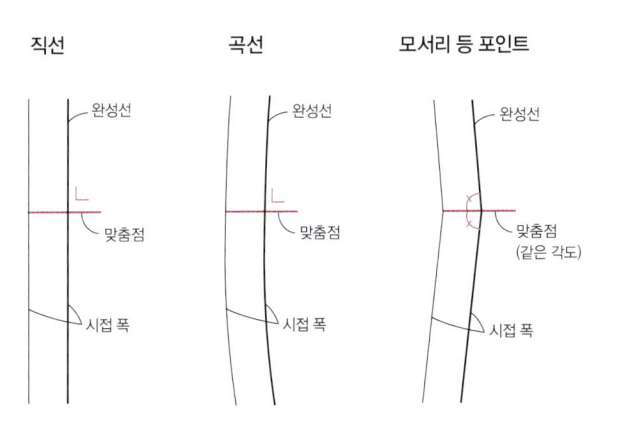

시접 처리

시접 처리법은 여러 가지가 있습니다. 소재나 만드는 법, 디자인에 따라 골라서 사용합니다.

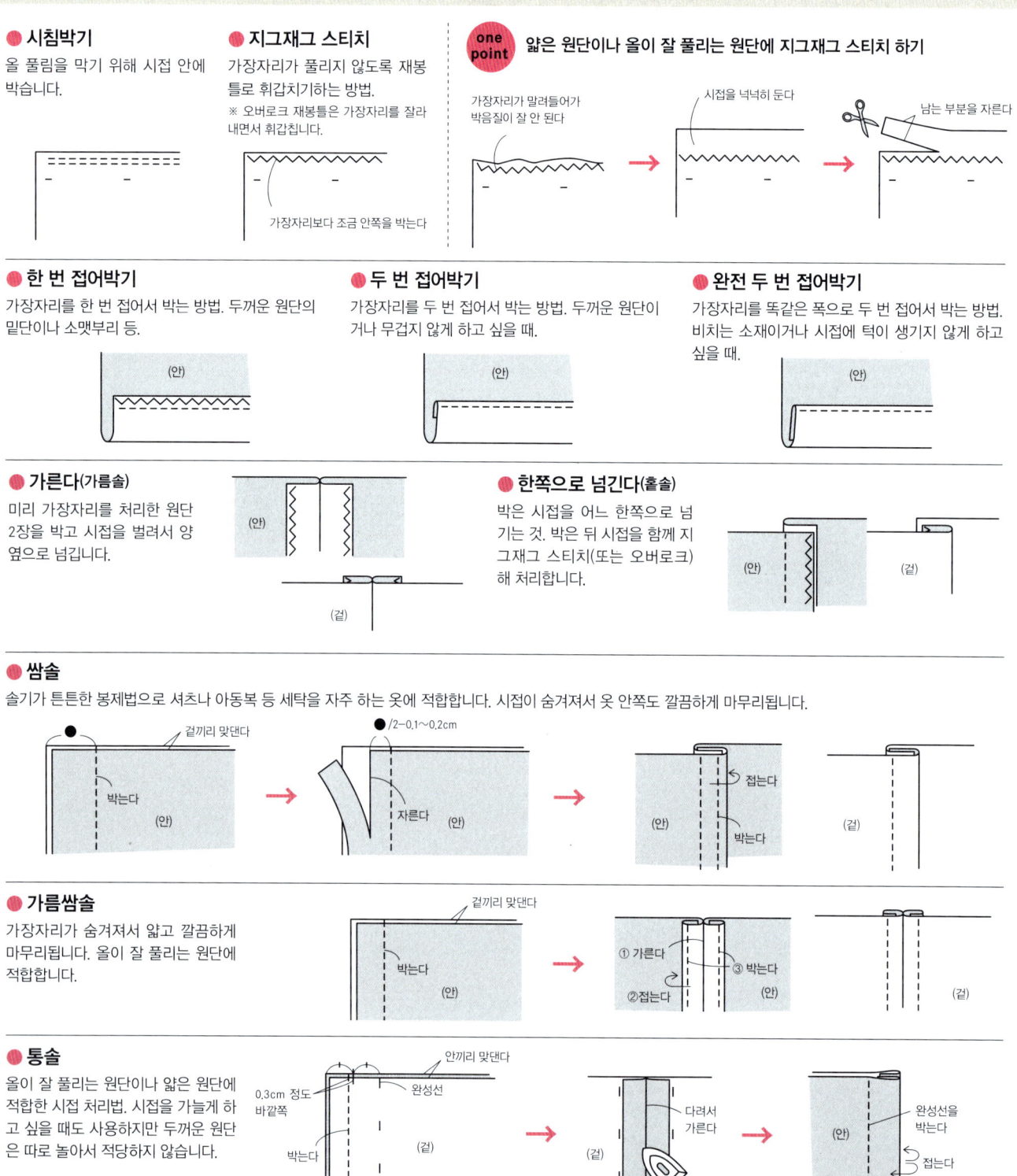

패턴 보정하는 법

이 책에는 7~15호 패턴을 실었지만, 사람의 체형은 각각 다릅니다.
부분적으로 늘이거나 줄이고 싶을 때 간단히 적용할 수 있는 보정법을 몇 가지 소개합니다.

길이 보정하기

● 옷 길이를 고친다 1

밑단선은 앞뒤 같은 치수를 원래 밑단선과 평행으로 늘입니다(줄입니다). 늘일 때는 중심선과 옆선을 연장합니다.

● 옷 길이를 고친다 2

가슴선과 허리선의 중간 부분에 안내선을 그립니다. 안내선과 평행으로 늘이고(줄이고) 옆선이 자연스럽게 이어지도록 다시 그립니다.

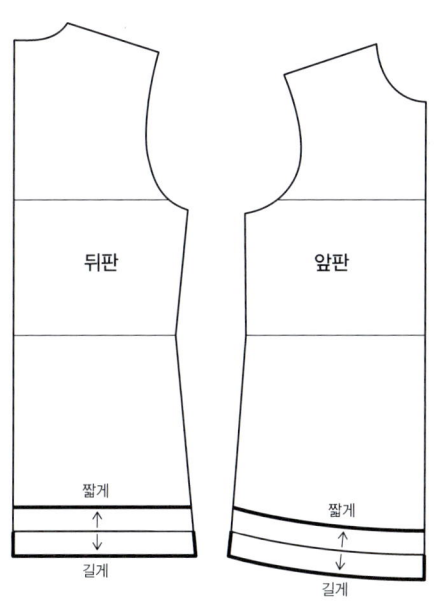
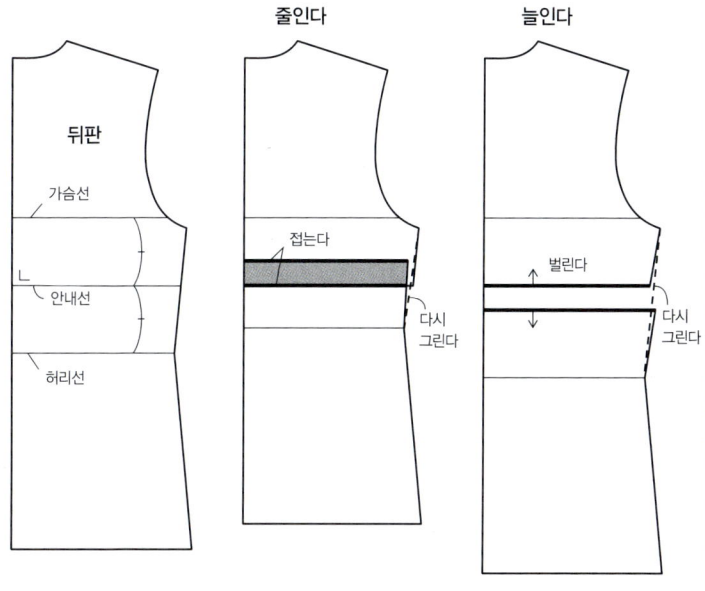

● 소매 길이를 고친다 1

소맷부리선과 평행으로 늘입니다(줄입니다). 늘일 때는 소매 옆선을 연장합니다. 소맷부리를 향해 넓어지는(좁아지는) 디자인이면 소맷부리 치수가 달라지므로 주의합니다. 커프스 치수도 잊지 말고 조정합니다.

● 소매 길이를 고친다 2

소매너비선과 소맷부리선의 중간 부분에 안내선을 그립니다. 안내선과 평행으로 늘이고(줄이고), 소매 옆선이 자연스럽게 이어지도록 다시 그립니다.

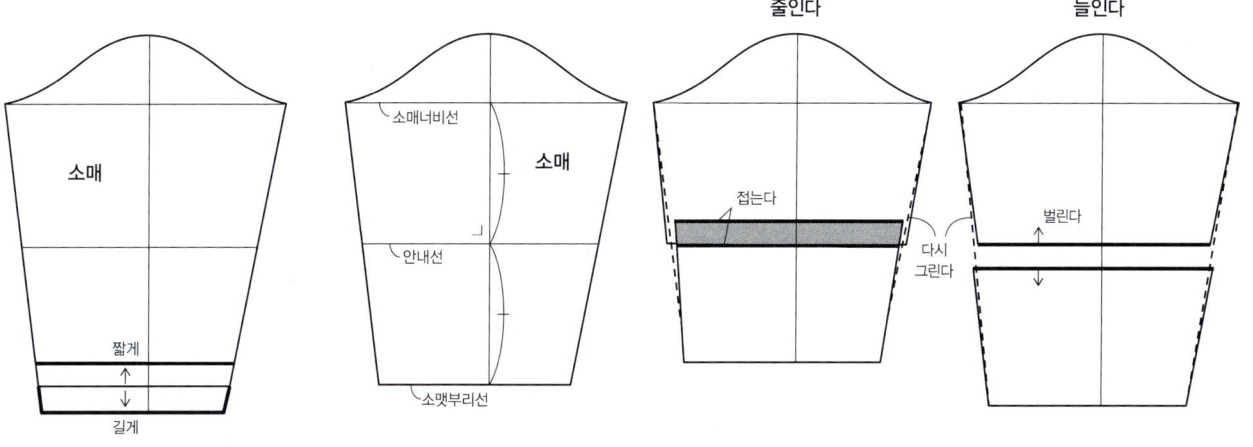

너비 보정하기

● 몸판너비를 옆선에서 고친다

몸판 : 고치고 싶은 치수의 ¼(★)을 앞·뒤판의 옆선과 평행으로 넓힙니다(좁힙니다). 중심선과 수직으로 소매옆선의 안내선(가슴선일 때도 있음)을 그리고, 옆선을 평행하게 옮깁니다. 앞·뒤판의 옆선이 같은 치수가 되도록 밑단선에서 조정합니다. 전체에서 4cm(★ = 1cm)까지.

소매 : 몸판을 옆선에서 보정하면 소매도 몸판과 같은 치수로 보정합니다. 고치고 싶은 치수의 ¼(★)을 소매너비선에서 넓히고(좁히고), 소맷부리를 향해서 소매 옆선을 다시 그립니다. 앞뒤 소매 옆선이 같은 치수가 되도록 소맷부리에서 조정합니다.

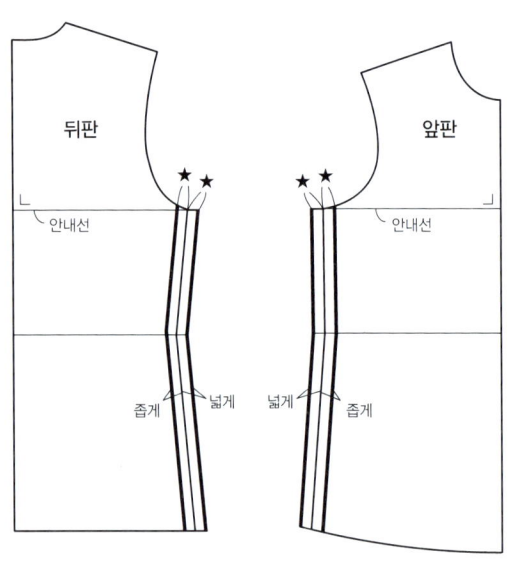
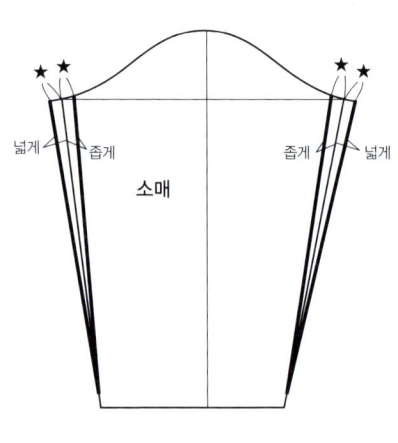

● 몸판너비를 절개해 고친다

소매너비를 그대로 두고 몸판너비만 고치고 싶을 때 보정하는 방법. 몸판너비와 어깨너비가 동시에 넓어집니다(좁아집니다).
몸판너비의 중간 부분에 안내선을 그리고, 안내선과 평행으로 넓힌(좁힌) 뒤 어깨선과 밑단선을 자연스럽게 이어지도록 다시 그립니다.

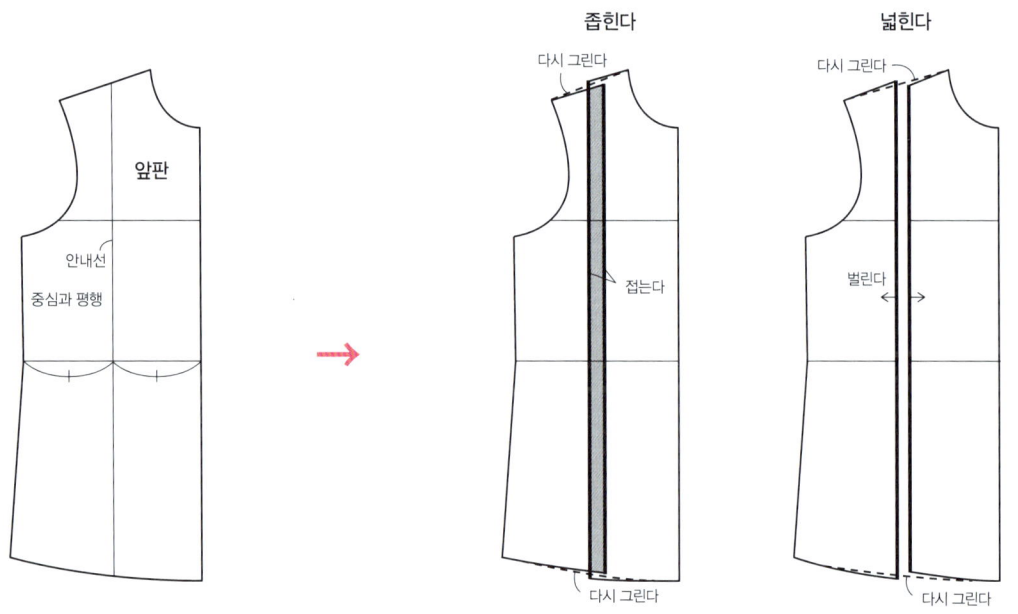

소매너비를 고친다

몸판너비를 그대로 두고 소매너비만 고치고 싶을 때 보정하는 방법.
소매너비가 넓어지니(좁아지니) 진동둘레 치수를 보정합니다.
소맷부리도 넓어지므로(좁아지므로) 커프스를 달 때 주의합니다.

소매 : 소매너비선의 앞뒤 각각의 중심에 안내선을 그립니다. 안내선과 평행으로 넓힌(좁힌) 뒤 소매산선과 소맷부리선을 자연스럽게 이어지도록 다시 그립니다.

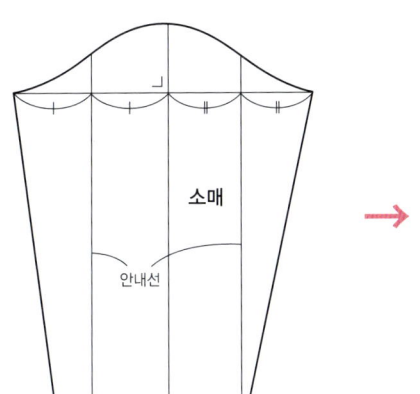
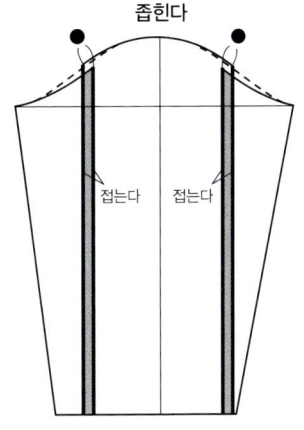
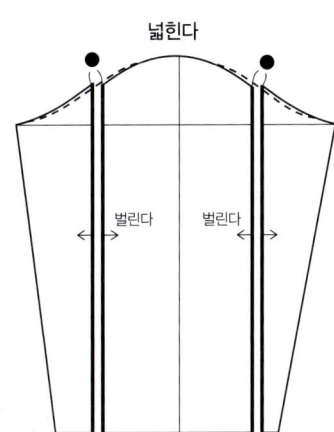

몸판 : 진동둘레의 중간 부분에 안내선을 그립니다. 안내선과 평행으로, 소매에서 보정했을 때와 같은 치수만큼 넓힌 뒤 진동둘레선이 자연스럽게 이어지도록 다시 그립니다.

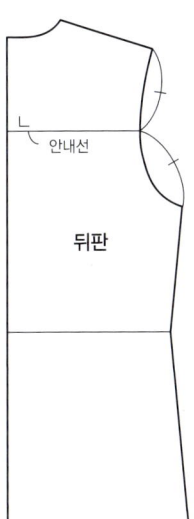
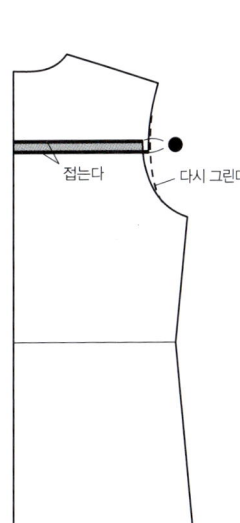
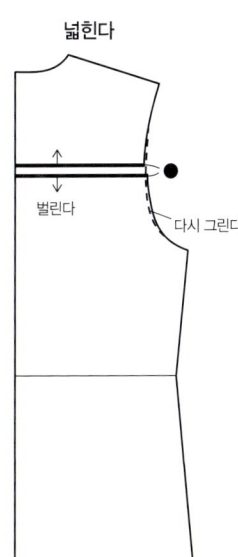

원피스를 만들어보자

디자인이 정해지면 마음에 드는 원단으로 원피스를 만들어봅시다.

Sample 1

A라인 원피스

A라인(기본) 실루엣에 라운드넥과 민소매로 디자인한 기본 원피스.
한 겹 원피스에 적합한 중간 두께 코튼 원단을 고르고, 뒤 중심에 콘실 지퍼를 달아서 트임을 만들었습니다.
How to make P.92

소재 / 원단 도매점 YAMATOMI(컴팩트 30s 스트레치 버버리 / #18 : CP30000)

● 옷 길이 비교

옷 길이를 길게(짧게) 하기만 해도 느낌이 달라져서 응용할 수 있는 폭이 넓어집니다. 기본 A라인 원피스(→ P.18)의 옷 길이를 단계적으로 다르게 해봤습니다.

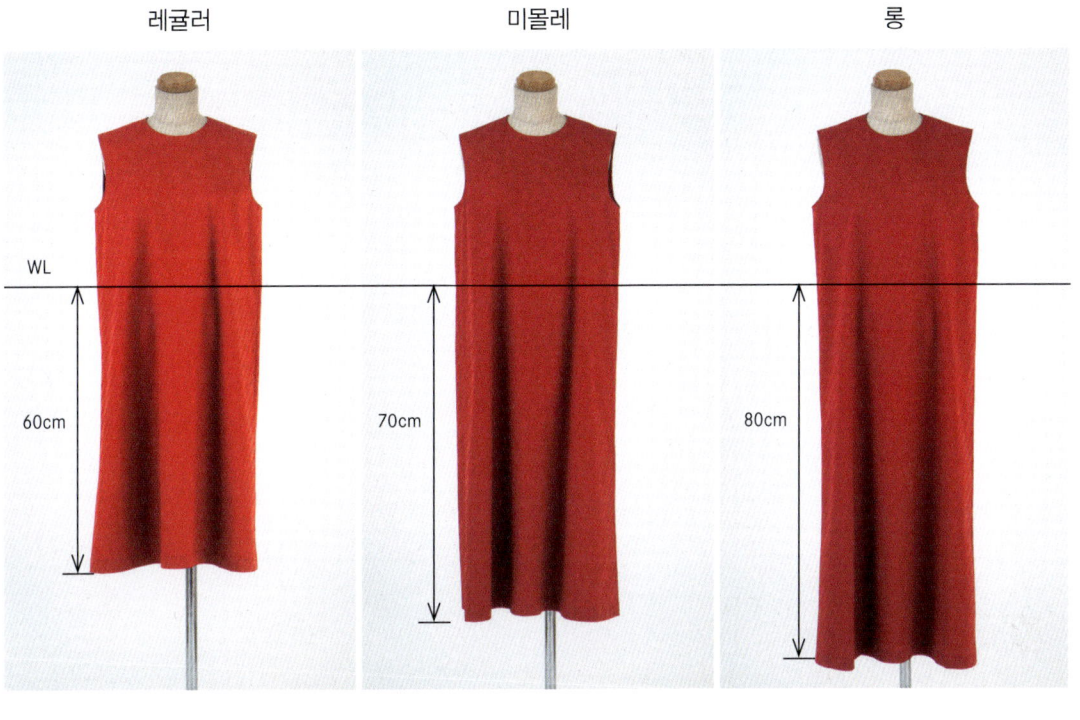

레귤러 / 미몰레 / 롱
60cm / 70cm / 80cm

9호 스커트 길이(WL~밑단선, 60cm)를 기본으로 하고 그보다 더 늘이거나 줄였습니다. 옷 길이는 몸판 길이(BNP~WL)와 스커트 길이를 더한 치수입니다.

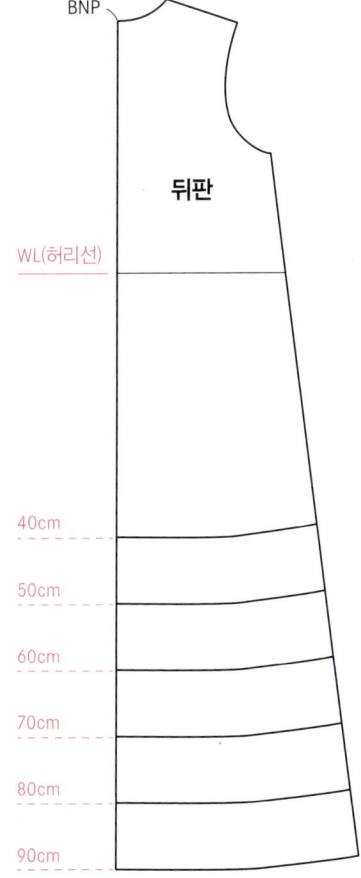

마이크로미니(무릎 위 길이)	40cm
미니(무릎 위 길이)	50cm
기본 · 레귤러(무릎길이)	60cm
미몰레(무릎 아래 길이)	70cm
롱(무릎 아래 길이)	80cm
맥시(복사뼈 길이)	90cm

Sewing Pattern Book
Dress

Sample 2

카슈쾨르 원피스

웨이스트 절개 카슈쾨르에 벌룬 소매를 달았습니다.
바탕이 되는 안 소매에 주름을 잡은 다른 소매 1장을 겹쳐서 만들어 봉긋한 소매 모양을 유지할 수 있습니다.

How to make P.95

소재 / 메르시(리버티프린트 에어리코토 원단 / 월트셔 / 남색 : 3339009-J18C)

Sample 3

빅 실루엣 원피스

몸판에 여유분을 풍성하게 넣은 디자인. 조금 넓게 파인 라운드넥에 덧단 트임을 만들었습니다.
조그만 단추는 포인트입니다. 매끈한 리넨으로 만들면 여름철에 입기 좋습니다.

How to make P.98

소재 / fabric bird(오리지널 컬러 리넨 / #107 로몬드 블루 : 952365)

Sample 4

롤칼라 원피스

하이웨이스트로 절개한 몸판은 다트를 넣어 날씬해 보입니다. 스커트에는 안쪽을 향해서 큼직하게 턱을 넣었습니다.
원단의 줄무늬를 살리기 위해 칼라는 직선으로 변경하고 바이어스로 재단했습니다.

How to make P.101

소재 / 우니섬유주식회사(시어서커 스트레치 니트 / #95 : KKF5280-58)

Sample 5

패널 라인 원피스

허리가 몸에 꼭 맞는 패널 라인은 여성스러운 실루엣이면서 적당히 여유가 있어서 입기 편한 디자인.
화려한 멋이 있는 트위드 원단으로 만들어서 정장을 갖춰 입어야 하는 자리에도 어울립니다. 안에는 안감을 댔습니다.

How to make P.103

소재 / 우니섬유주식회사(믹스 트위드) / #80 : KKF7150

Sample 6

캐미솔

원피스의 안감 대신인 캐미솔은 어디에나 받쳐 입을 수 있는 만능 아이템. 가슴에는 다트를, 뒤판에는 턱을 넣어서 가슴부터 몸통 둘레가 깔끔하게 떨어지는 실루엣입니다. 매끈거리는 소재를 추천합니다.

How to make P.106

Sewing Pattern Book II

Dress 원피스

원피스는 상의와 스커트가 이어진 드레스 또는 상하를 이어서 절개선이 들어간 드레스입니다.
우리나라에서는 '원피스'라고 부르지만, 영어로는 '드레스(Dress)'라고 하며
'원피스(One-piece)'는 수영복이나 스포츠웨어 등 '상하가 이어진 옷'을 뜻합니다.

여기에서는 몸판·소매·칼라를 자유롭게 조합할 수 있도록 부분별로 패턴을 실었습니다.
기본 디자인부터 허리선이 몸에 딱 맞는 여성스러운 라인까지
입기 편하고 실루엣이 아름다운 디자인을 골랐습니다.
자신의 상상대로 디자인을 즐겨보세요.

몸판의 변형
A라인(기본·플레어·플레어 넉넉히)

'A라인'은 어깨에서 밑단을 향해 점점 넓어지는 실루엣으로 알파벳 A가 연상되어 이런 이름이 붙었습니다.
펼쳐지는 분량을 늘이거나 줄여서 다양하게 변형하는 즐거움을 맛볼 수 있습니다.

Front　　　Side　　　Back

기본

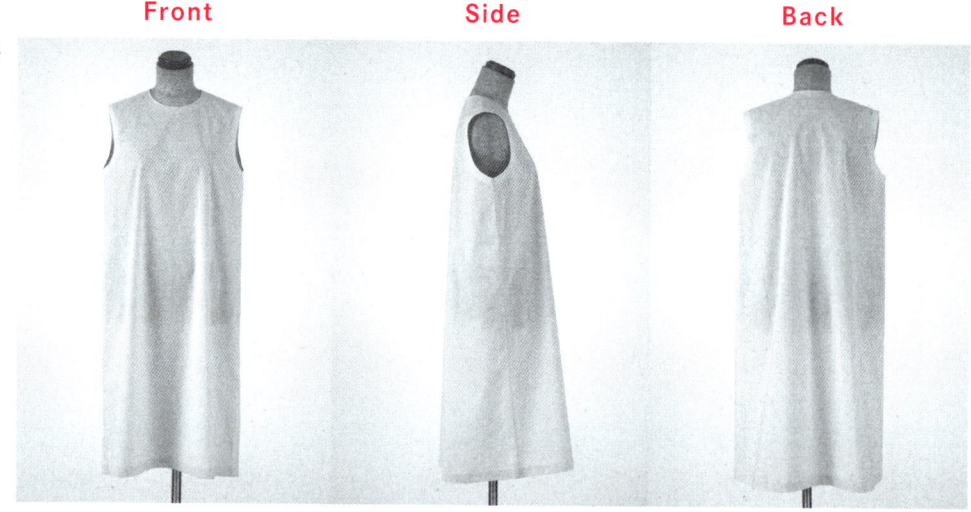

플레어

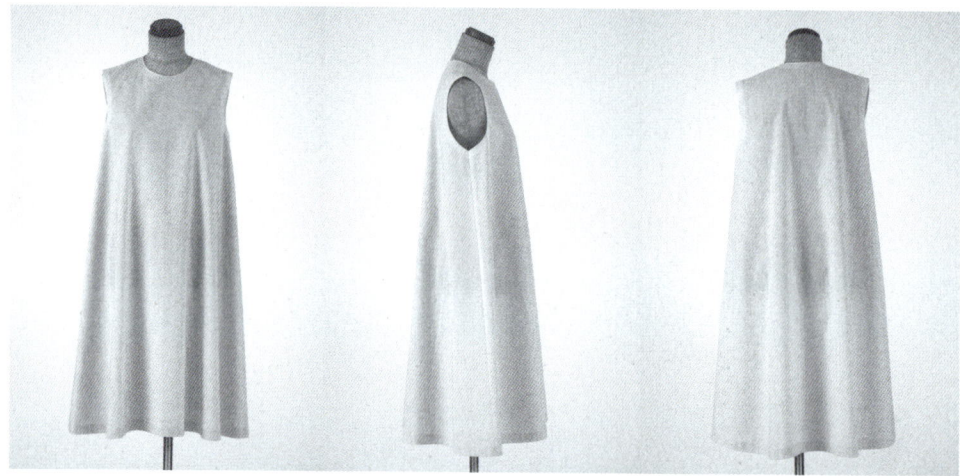

플레어 넉넉히

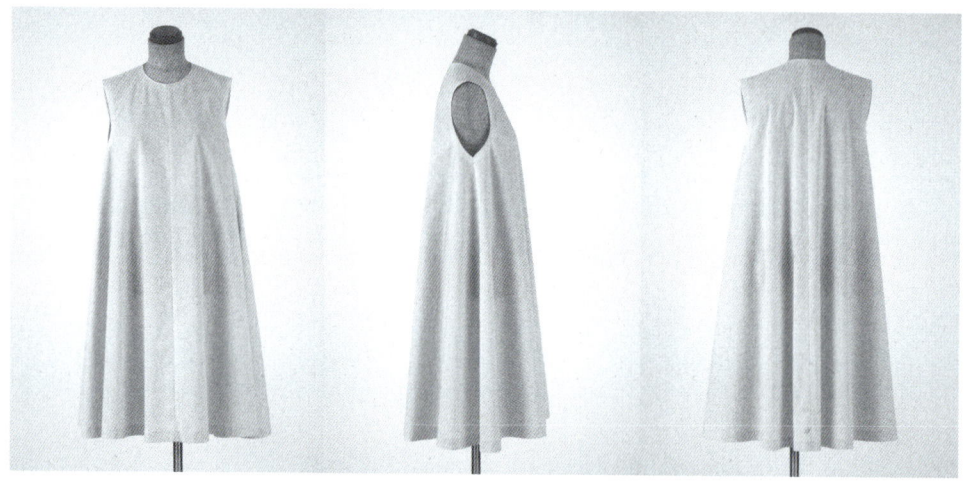

Sewing Pattern Book
Dress

Pattern ※ ○ 안의 숫자는 시접, 정해진 곳 이외의 시접은 1cm

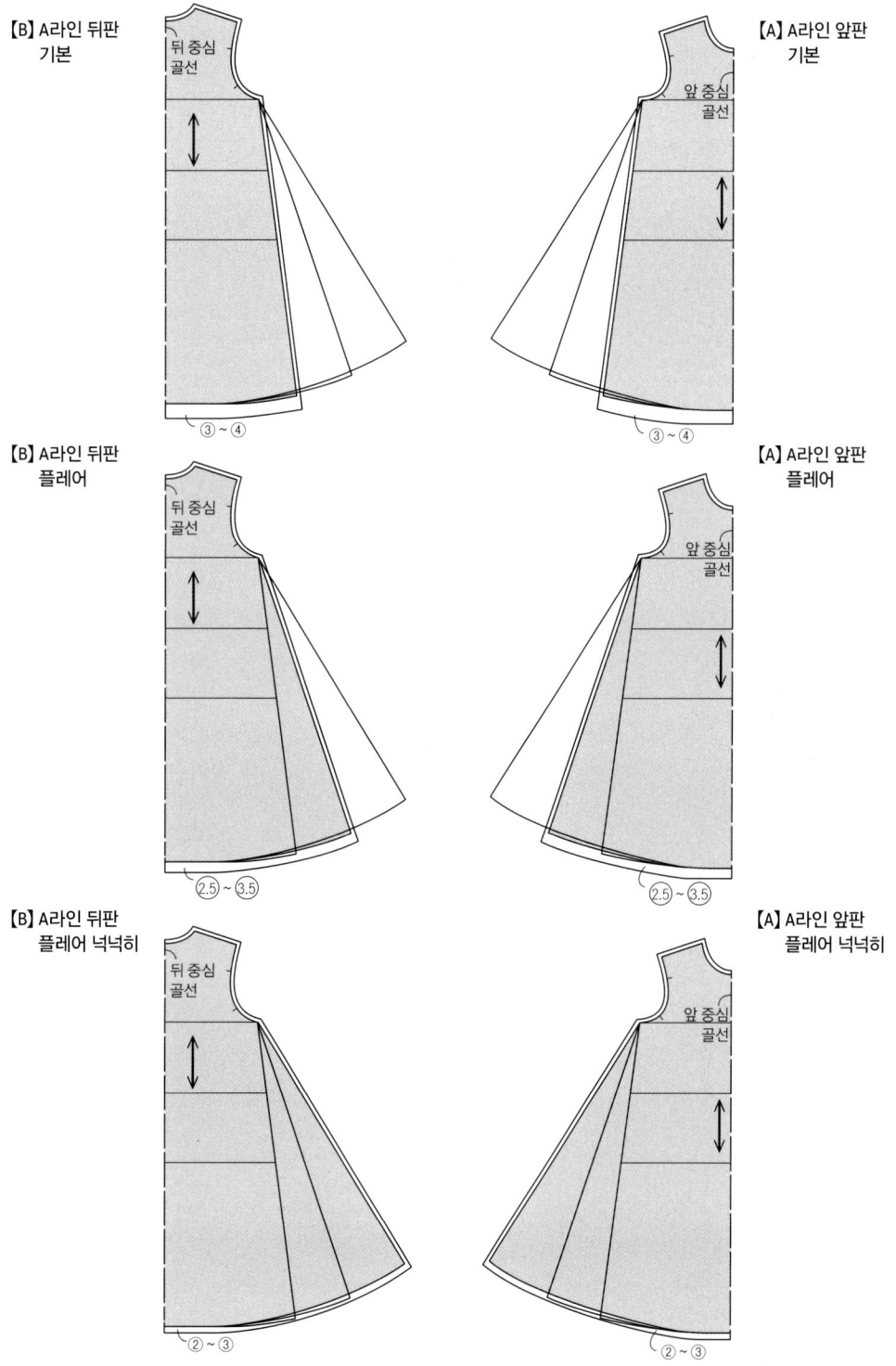

몸판의 변형
허리 다트

앞뒤 몸판에 다트를 넣어서 허리가 몸에 꼭 맞는 디자인.
날씬한 실루엣이면서도 여유분이 적당히 들어가 있습니다.

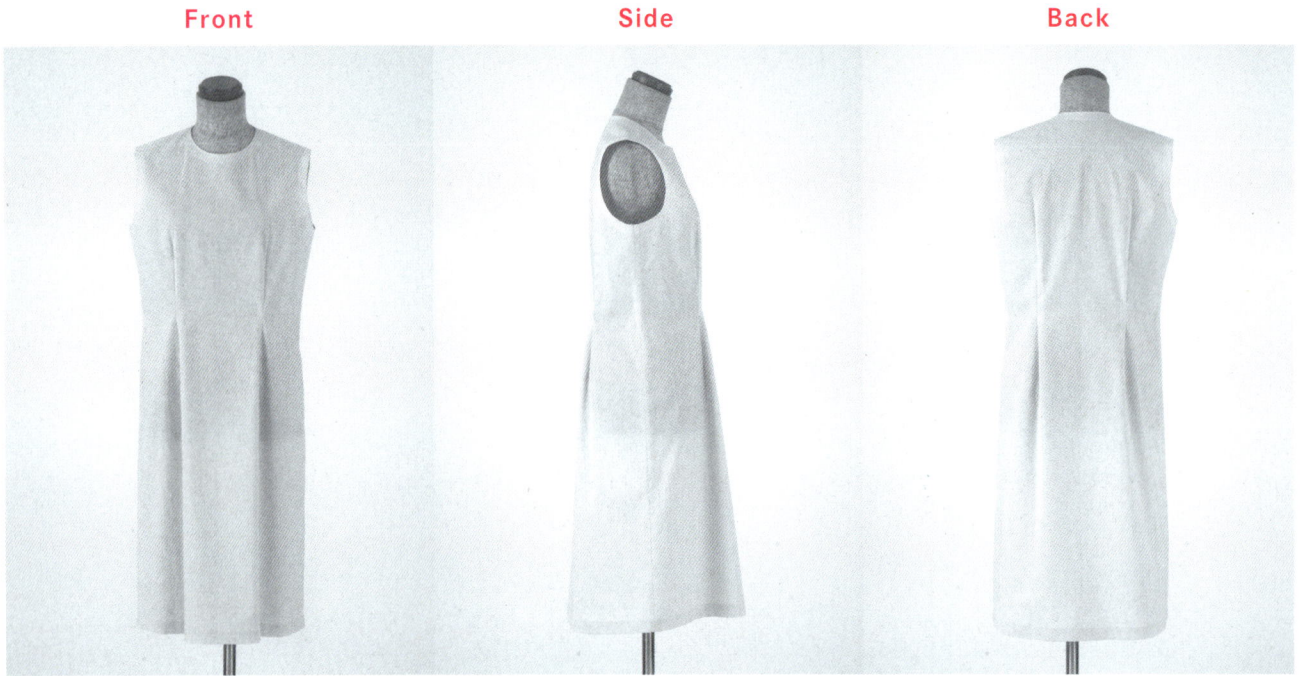

Front　　　Side　　　Back

Pattern
※ ○ 안의 숫자는 시접. 정해진 곳 이외의 시접은 1cm

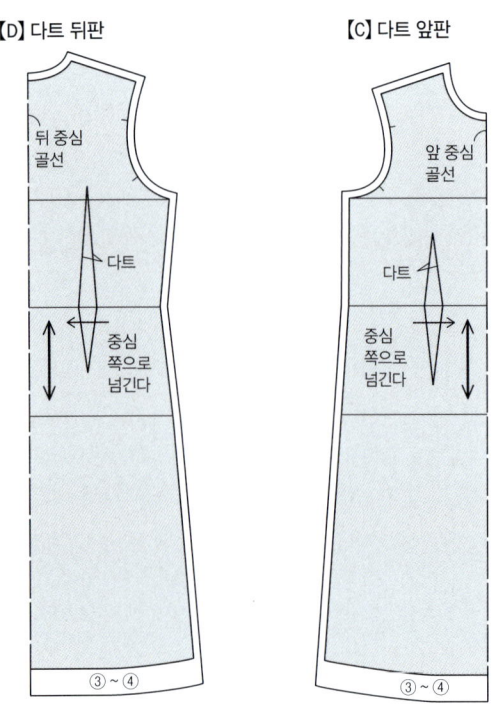

【D】다트 뒤판　　【C】다트 앞판

one point 다트 박는 법

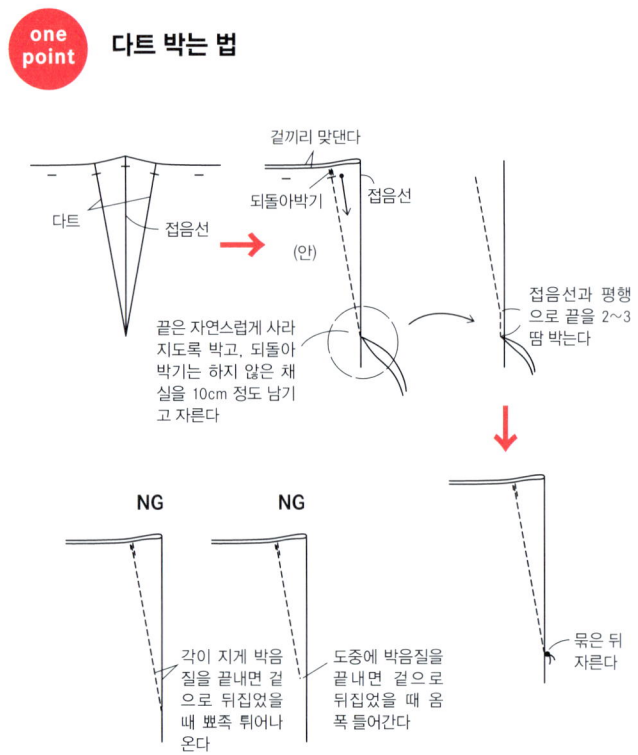

Sewing Pattern Book
Dress

몸판의 변형
프린세스 라인(기본)

어깨부터 밑단에 걸쳐 세로로 절개선을 넣은 디자인.
허리를 잘록하게 해서 상반신은 딱 맞고 허리부터 밑단까지 퍼지는 라인이 특징입니다.

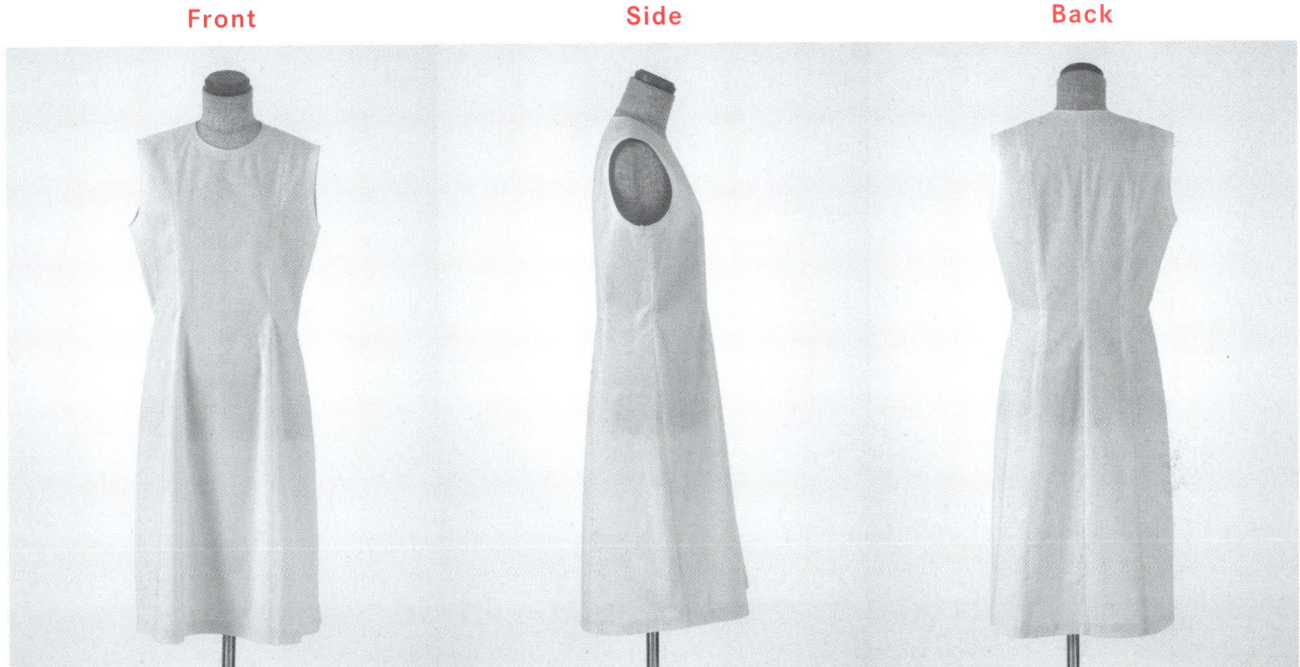

Pattern
※ ○ 안의 숫자는 시접, 정해진 곳 이외의 시접은 1cm

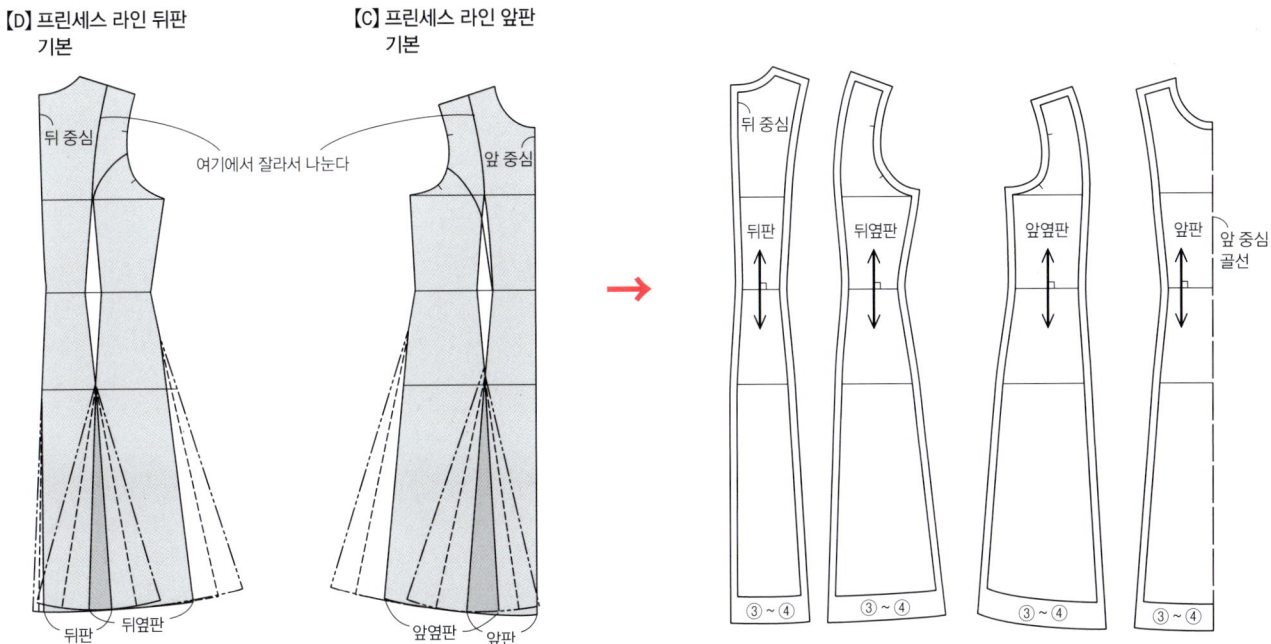

몸판의 변형
프린세스 라인(플레어)

기본 상반신(→ P.29)은 그대로 하고 플레어 분량을 늘렸습니다.
밑단 둘레가 퍼지면서 움직임 있는 실루엣이 됩니다.

Front　　　Side　　　Back

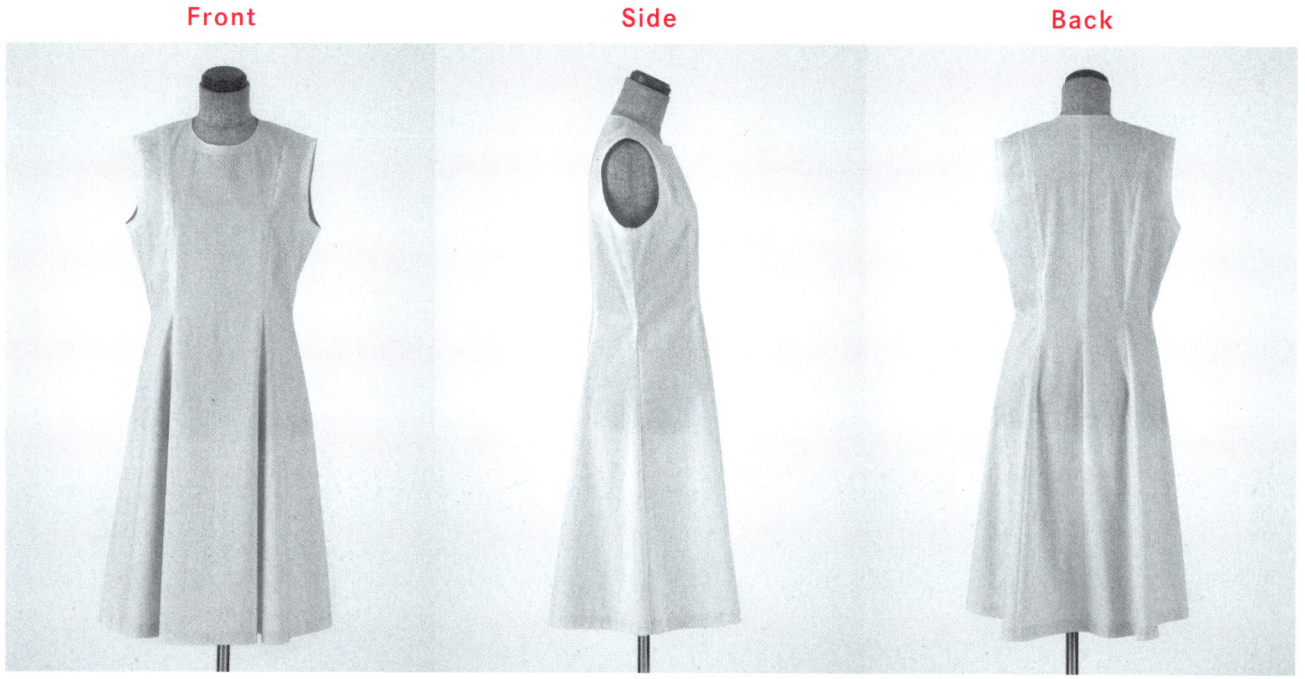

Pattern
※ ○ 안의 숫자는 시접. 정해진 곳 이외의 시접은 1cm

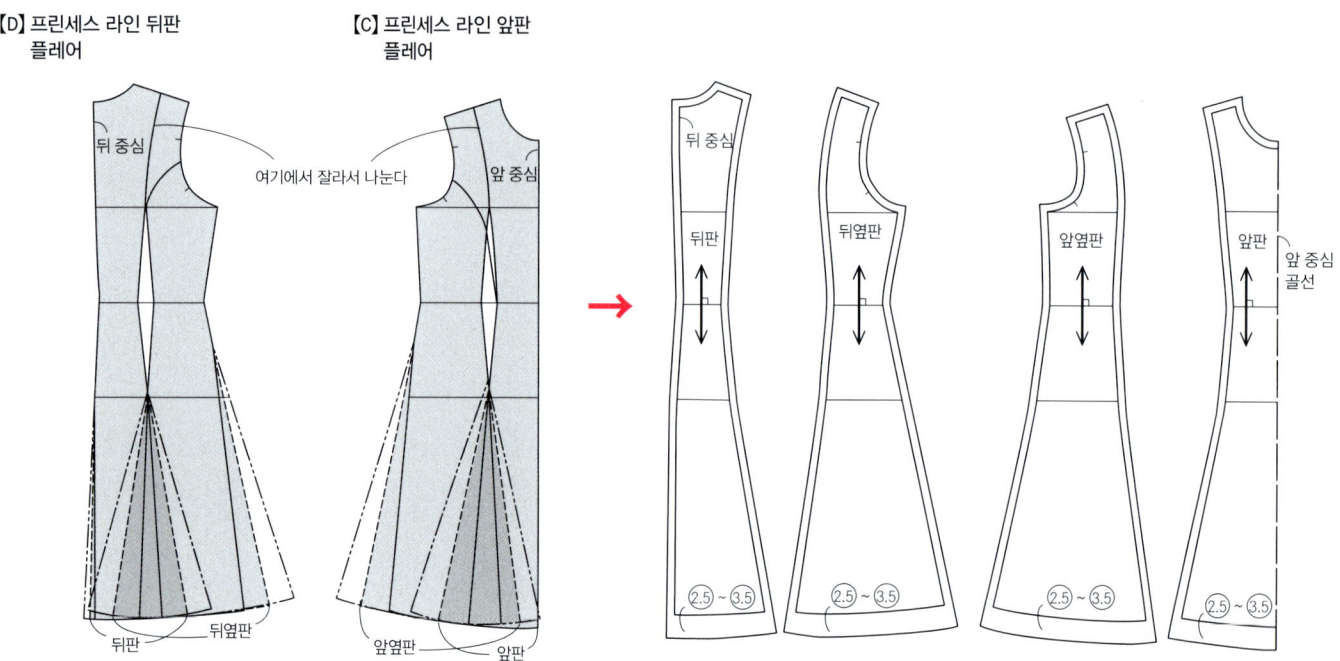

몸판의 변형

프린세스 라인(플레어 넉넉히)

플레어(→ P.30) 분량을 더욱 늘려서 스커트에 볼륨을 준 디자인.
추가하는 밑단 폭 분량은 취향에 맞게 변경합니다.

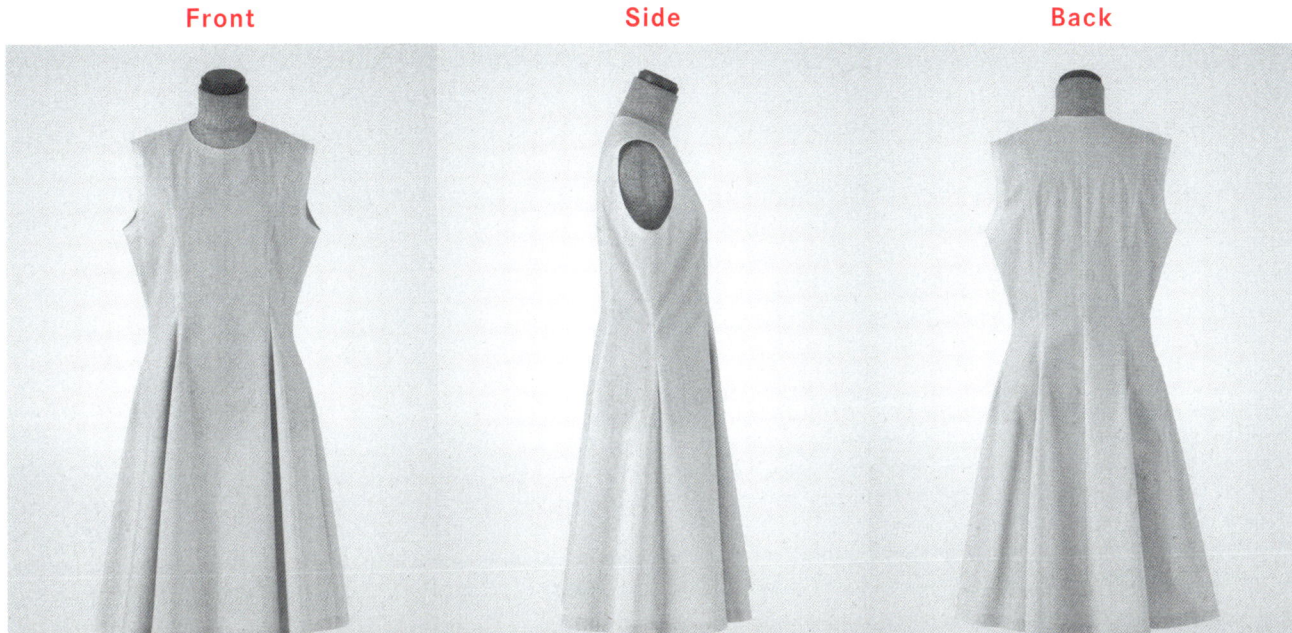

Pattern
※ ○ 안의 숫자는 시접, 정해진 곳 이외의 시접은 1cm

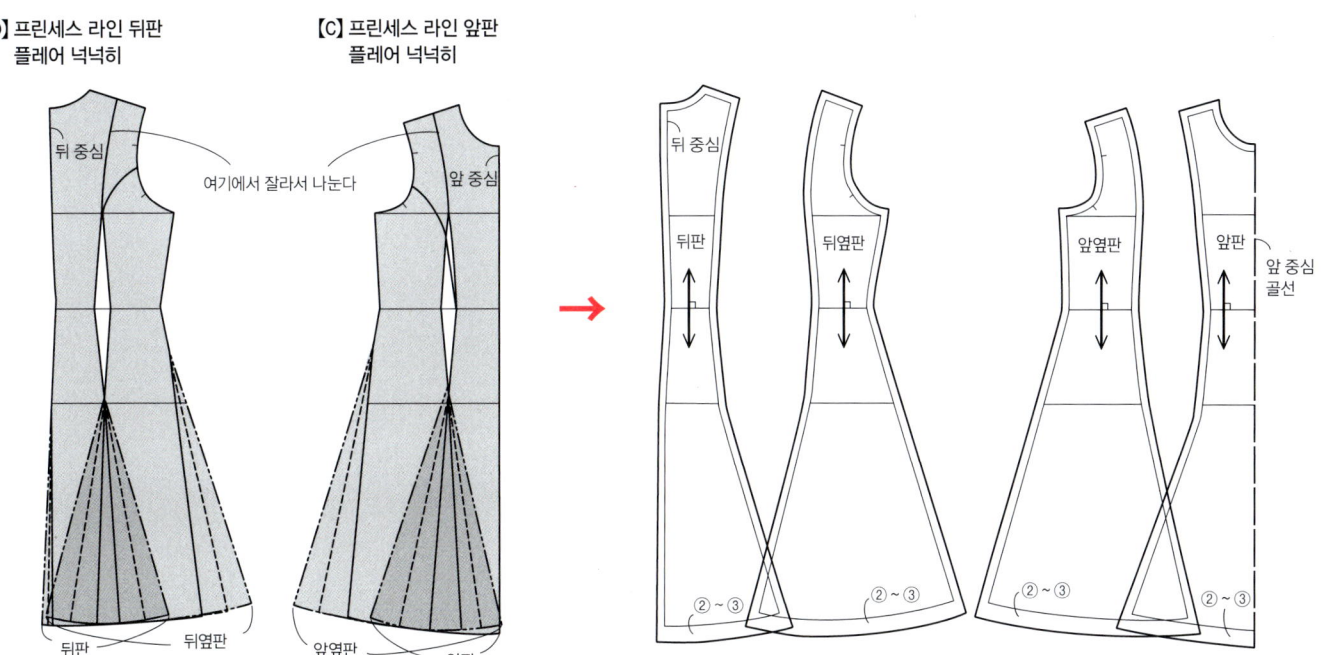

Sewing Pattern Book
Dress

몸판의 변형
패널 라인(기본)

진동둘레에서 가슴 위를 통과해 세로로 절개선을 넣은 디자인.
프린세스 라인(→ P.29~31)과 마찬가지로 피트 & 플레어의 대표적인 디자인입니다.

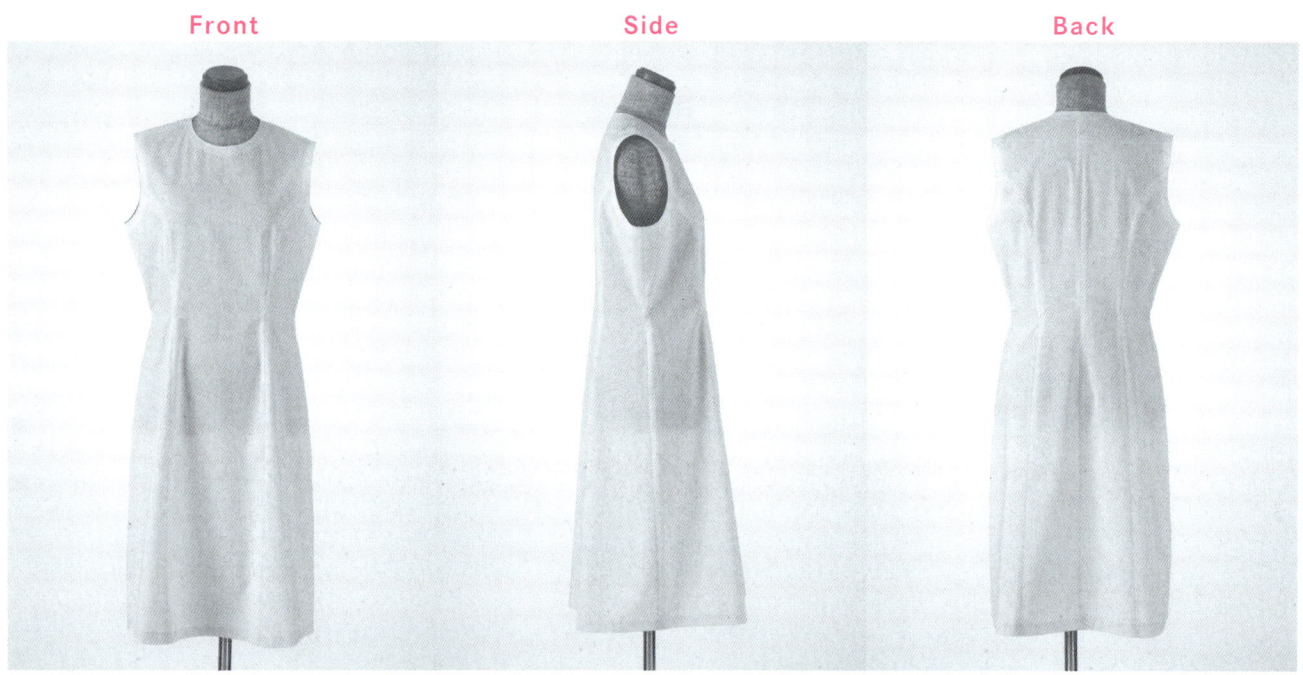

Front　　　Side　　　Back

Pattern   ※ ○ 안의 숫자는 시접, 정해진 곳 이외의 시접은 1cm

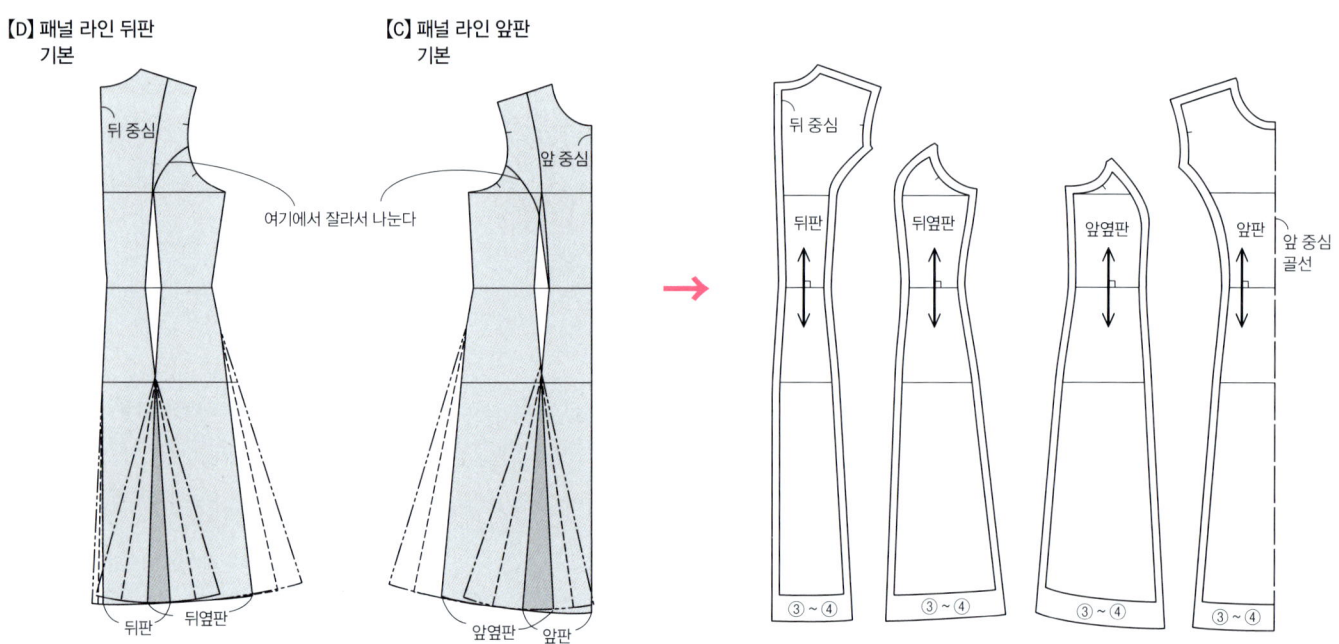

Sewing Pattern Book
Dress

몸판의 변형

패널 라인(플레어)

기본 상반신(→ P.32)은 그대로 하고 플레어 분량을 늘렸습니다.
밑단 둘레가 퍼지면서 부드러운 느낌을 줍니다.

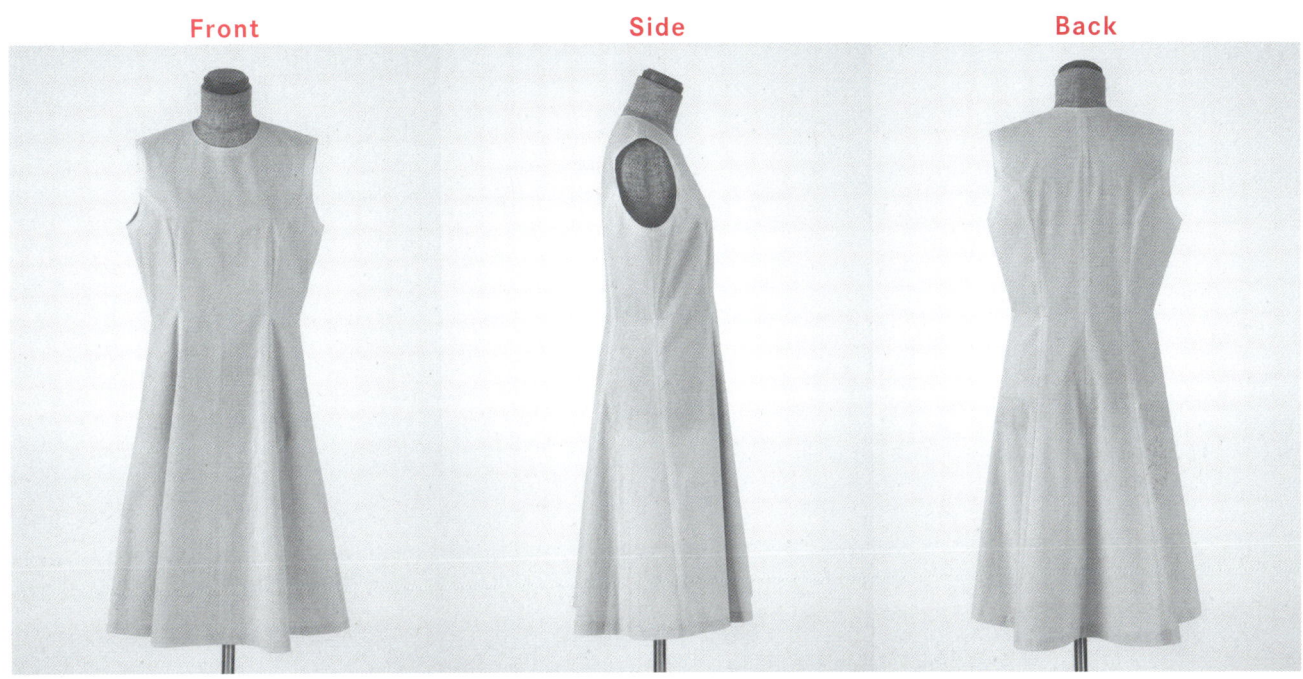

Front　　　Side　　　Back

Pattern
※ ○ 안의 숫자는 시접, 정해진 곳 이외의 시접은 1cm

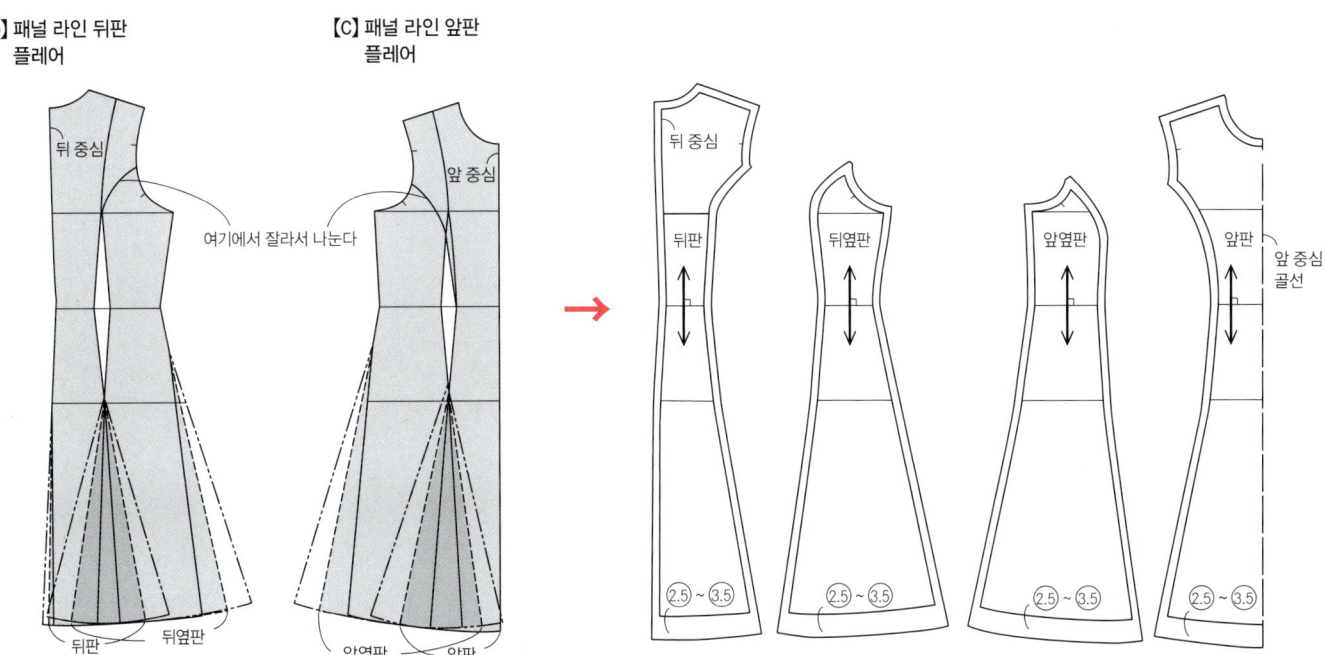

몸판의 변형
패널 라인(플레어 넉넉히)

플레어(→ P.33) 분량을 더욱 늘려서 스커트에 볼륨을 준 디자인.
밑단 폭 분량 추가는 취향에 맞게 변경합니다.

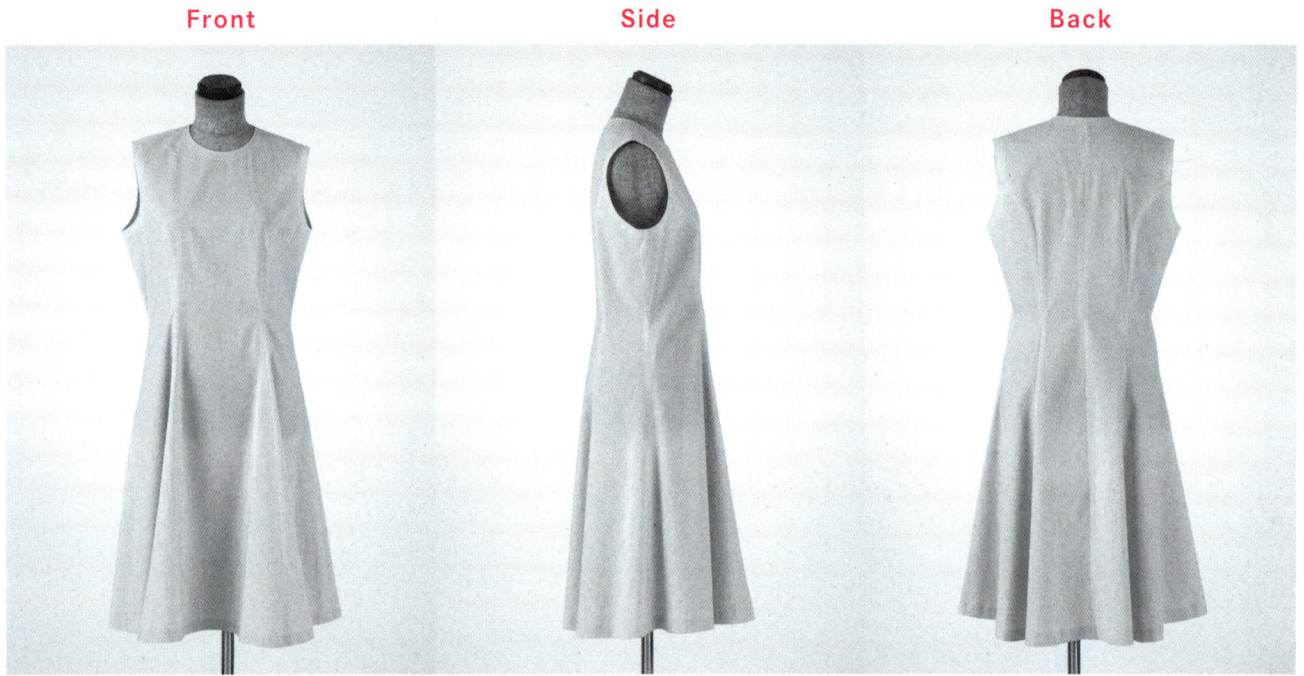

Pattern
※ ○ 안의 숫자는 시접. 정해진 곳 이외의 시접은 1cm

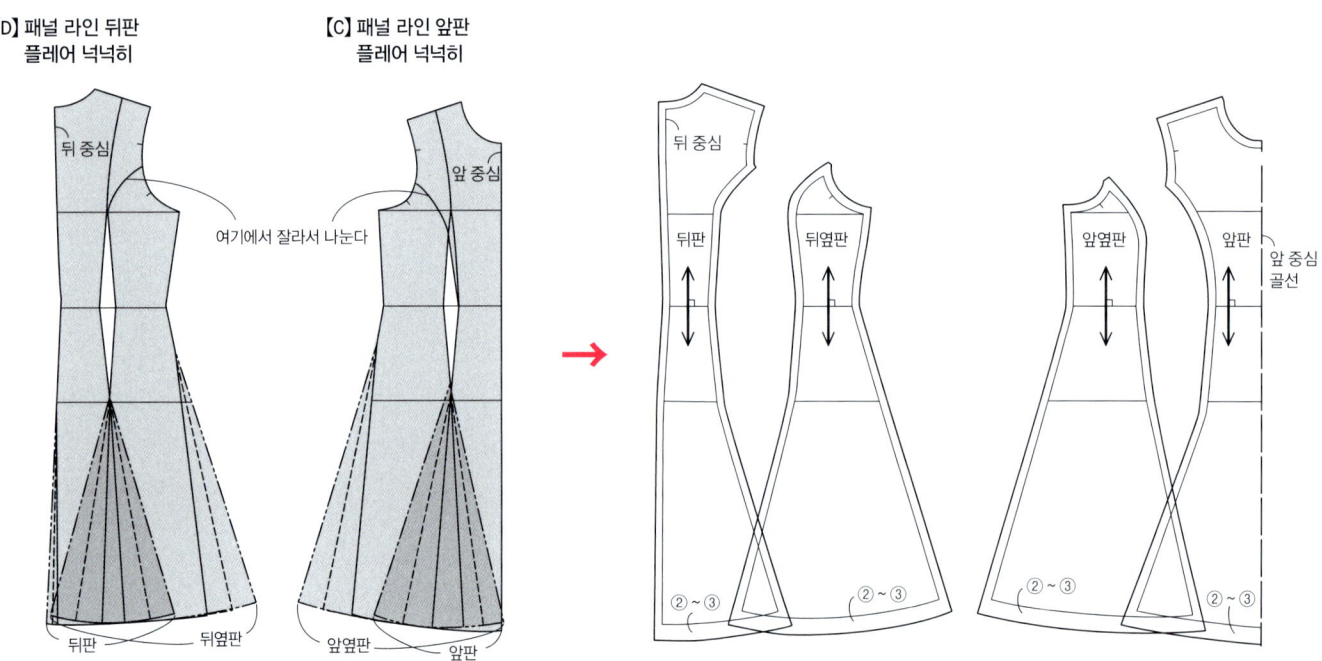

몸판의 변형
하이웨이스트 절개(기본)

가슴둘레와 허리둘레의 중간 정도에 절개선을 넣어서 다리가 길어 보이는 효과를 기대할 수 있는 디자인.
다트를 넣은 몸판에 플레어스커트를 달았습니다. 몸판은 공통이고, 스커트에 변화를 주었습니다.

Pattern   ※ ○ 안의 숫자는 시접, 정해진 곳 이외의 시접은 1cm

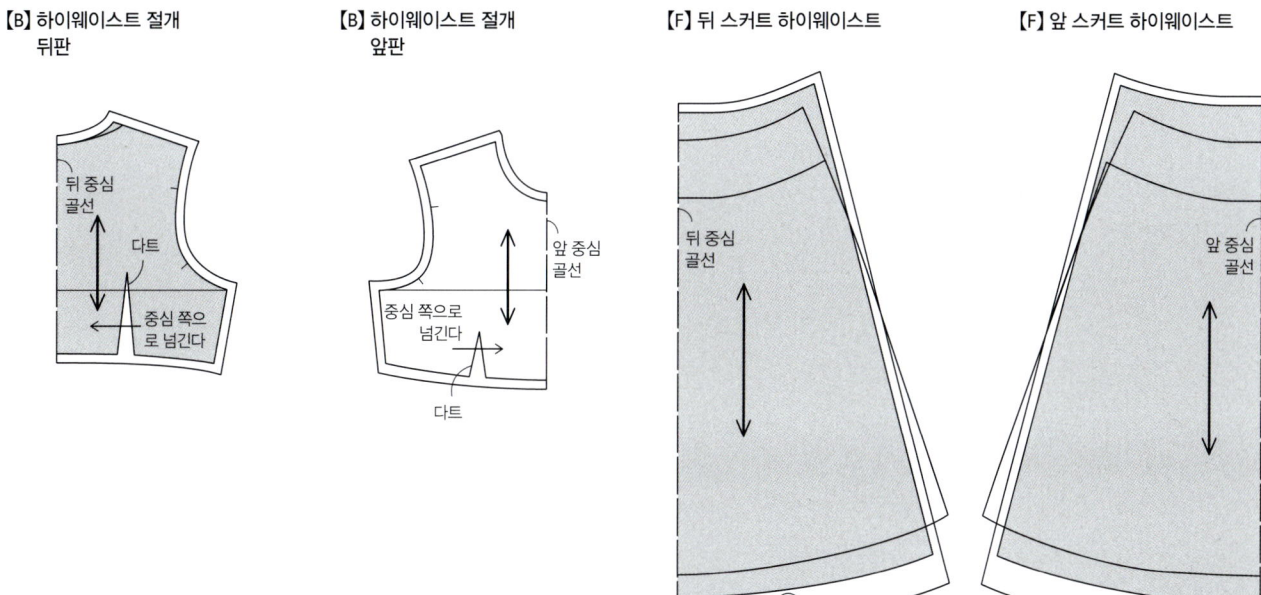

[B] 하이웨이스트 절개 뒤판
[B] 하이웨이스트 절개 앞판
[F] 뒤 스커트 하이웨이스트
[F] 앞 스커트 하이웨이스트

Sewing Pattern Book
Dress

몸판의 변형
하이웨이스트 절개(개더)

몸판(→ P.35)에 개더를 넣은 스커트를 달았습니다.
스커트는 직사각형을 그려서 제도하며, 밑단선이 일직선이 되도록 앞 스커트의 옆선 위쪽을 잘라냈습니다.

Front　　　　　　　Side　　　　　　　Back

Pattern
※ ○ 안의 숫자는 시접, 정해진 곳 이외의 시접은 1cm
※ 왼쪽 또는 위부터 7 / 9 / 11 / 13 / 15호

【B】하이웨이스트 절개 뒤판

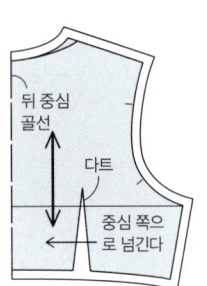

【B】하이웨이스트 절개 앞판

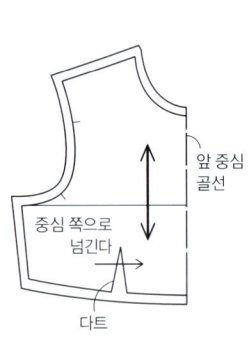

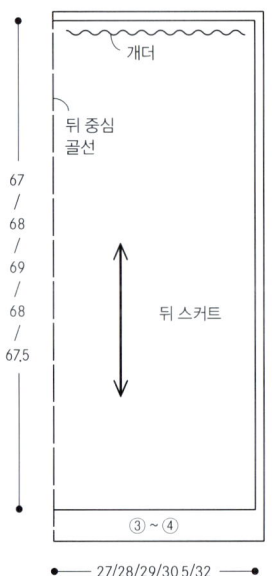

뒤 스커트
67 / 68 / 69 / 68 / 67.5
── 27/28/29/30.5/32 ──

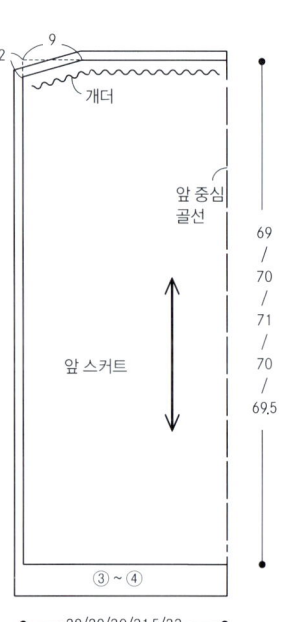

앞 스커트
69 / 70 / 71 / 70 / 69.5
── 28/29/30/31.5/33 ──

Sewing Pattern Book
Dress

몸판의 변형
하이웨이스트 절개(개더 넉넉히)

개더(→ P.36) 분량을 늘려서 스커트에 볼륨을 준 디자인.
개더 분량은 약 2배입니다.

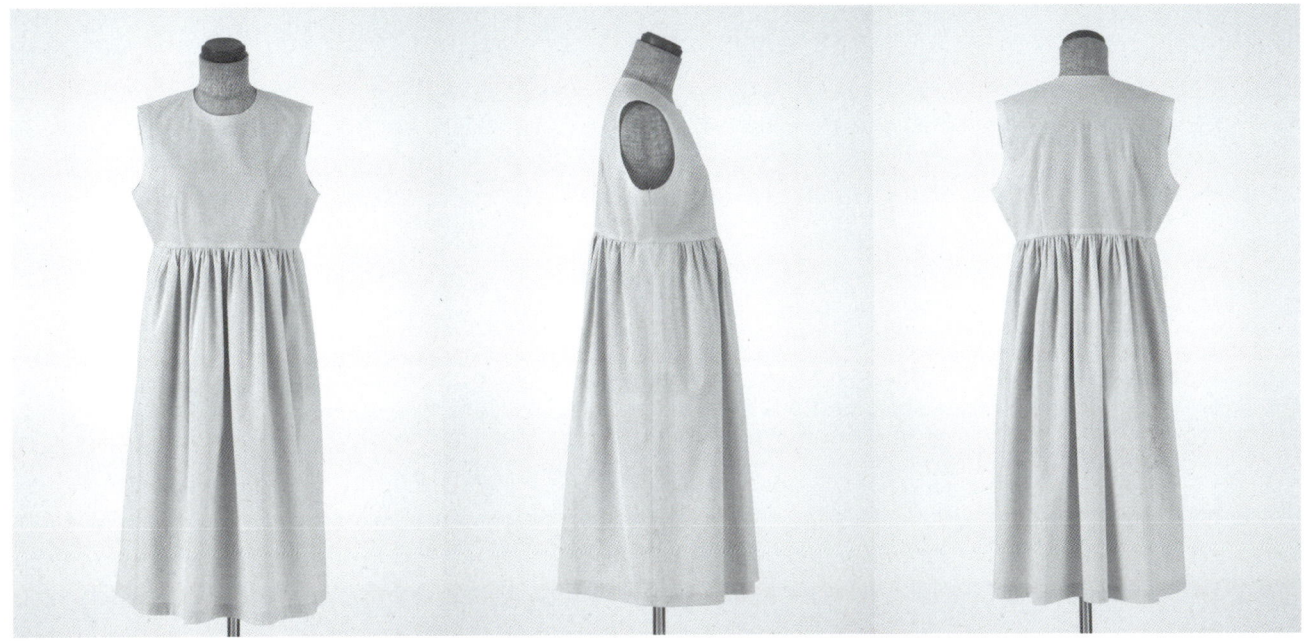

Front　　　Side　　　Back

Pattern
※ ○ 안의 숫자는 시접, 정해진 곳 이외의 시접은 1cm
※ 왼쪽 또는 위부터 7 / 9 / 11 / 13 / 15호
※ 앞·뒤판(→ P.36) 공통

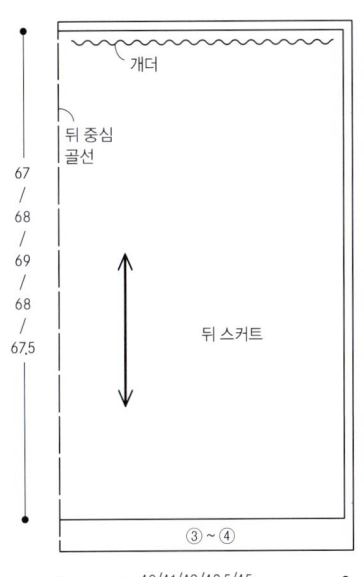

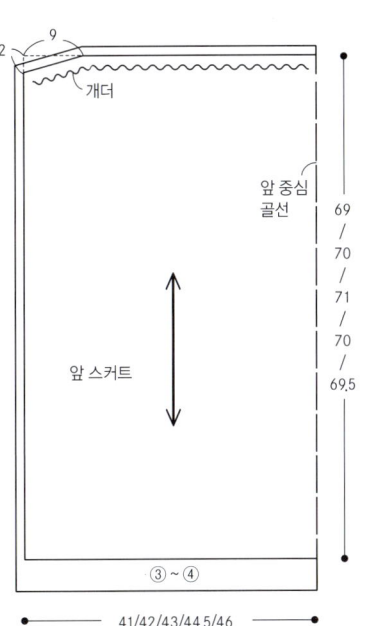

one point — 밑단 처리하는 법

한 번 접어박기

겉에서 스티치가 보이지 않아서 우아한 디자인에 적합하다

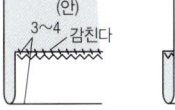 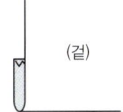

스티치가 들어가면 캐주얼하게 보인다

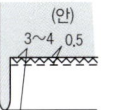 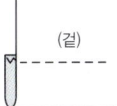

두 번 접어박기

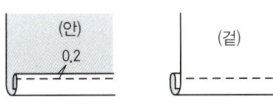

※ 시접 폭은 만드는 법에 맞춰서 조정한다

몸판의 변형

하이웨이스트 절개(턱 ❶)

앞·뒤 스커트에 턱을 2줄씩 깊게 넣어서 밑단이 넓게 퍼지는 A라인.
스커트의 턱은 중심 쪽으로 넘겨서 몸판 다트 위치에 맞춥니다.

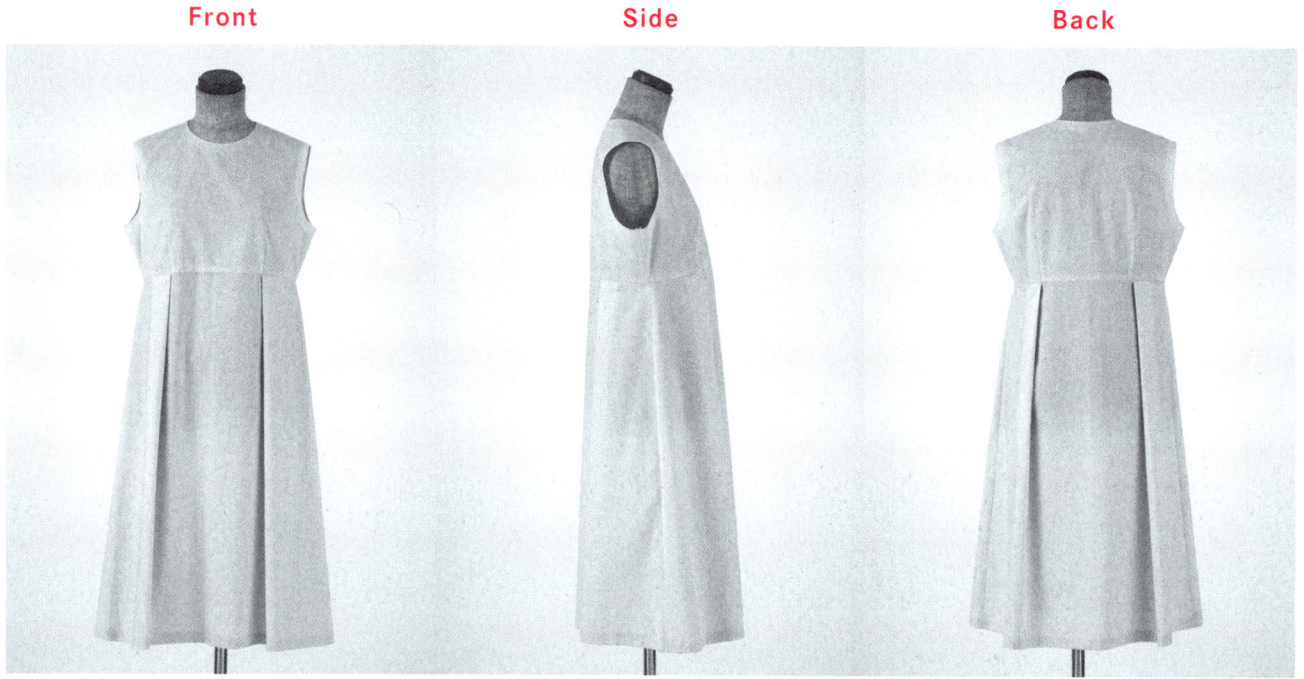

Pattern

※ ○ 안의 숫자는 시접. 정해진 곳 이외의 시접은 1cm
※ 왼쪽 또는 위부터 7 / 9 / 11 / 13 / 15호

【B】하이웨이스트 절개 뒤판

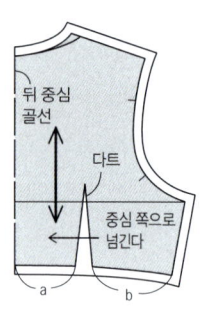

【B】하이웨이스트 절개 앞판

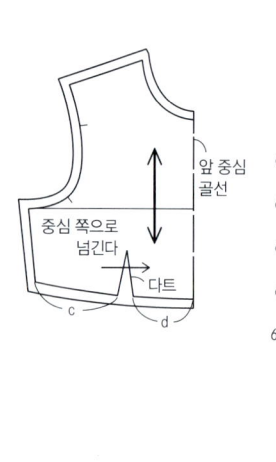

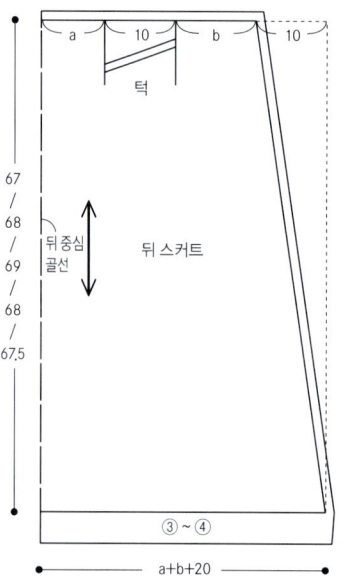

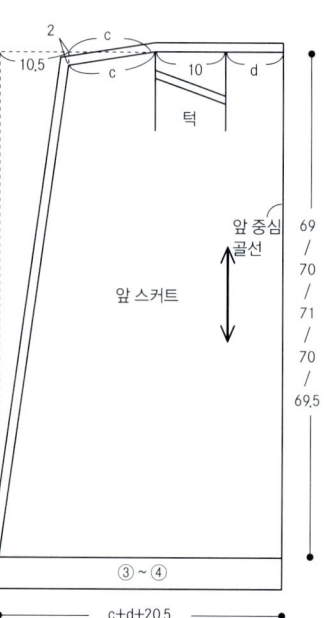

Sewing Pattern Book
Dress

몸판의 변형

하이웨이스트 절개(턱 ❷)

앞·뒤 스커트에 6줄씩 턱을 넣은 디자인. 턱은 중심 쪽으로 넘깁니다.
스커트는 직사각형으로 제도하고 몸판에 스커트를 달 치수를 재서 나눕니다.

Front　　　　　　　Side　　　　　　　Back

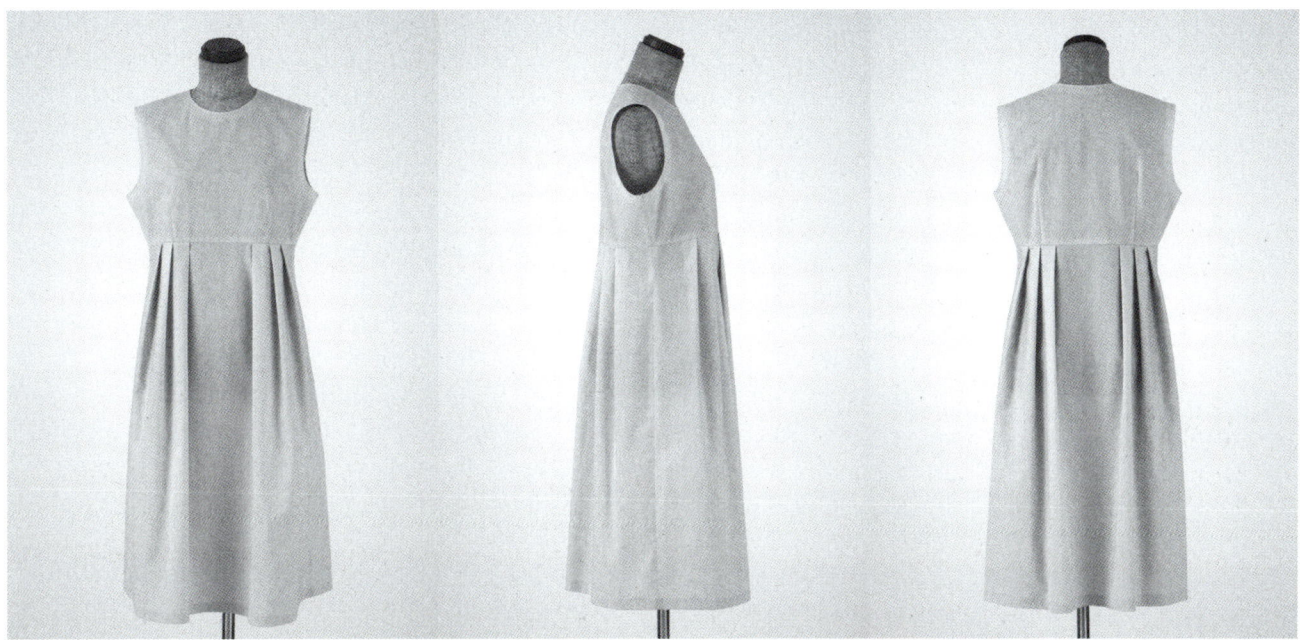

Pattern

※ ○ 안의 숫자는 시접, 정해진 곳 이외의 시접은 1cm
※ 왼쪽 또는 위부터 7 / 9 / 11 / 13 / 15호
※ 앞·뒤판(→ P.38) 공통

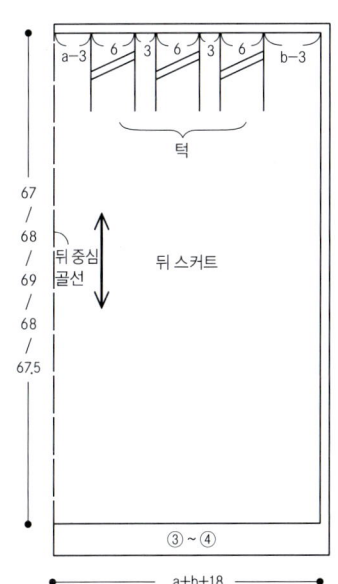

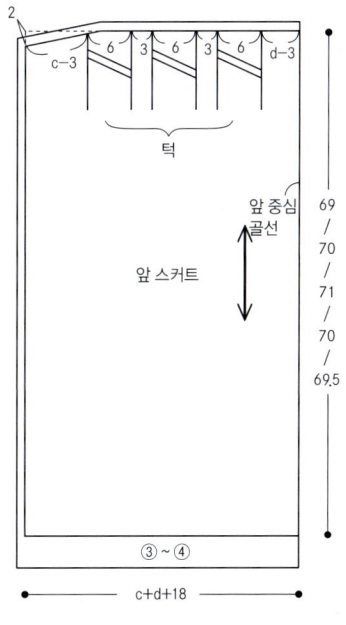

one point 앞 스커트의 허리 옆선 쪽

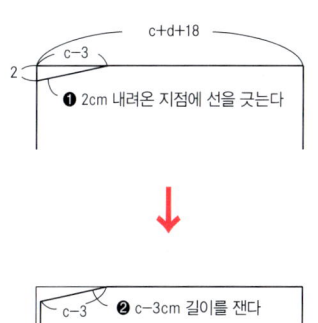

❶ 2cm 내려온 지점에 선을 긋는다

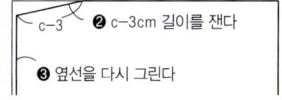

❷ c−3cm 길이를 잰다

❸ 옆선을 다시 그린다

Sewing Pattern Book
Dress

몸판의 변형
웨이스트 절개(기본)

허리둘레에 절개선을 넣은 디자인. 다트를 넣은 몸판에 플레어스커트를 달았습니다.
몸판은 공통이고, 스커트에 변화를 주었습니다.

Front　　　　　　　　Side　　　　　　　　Back

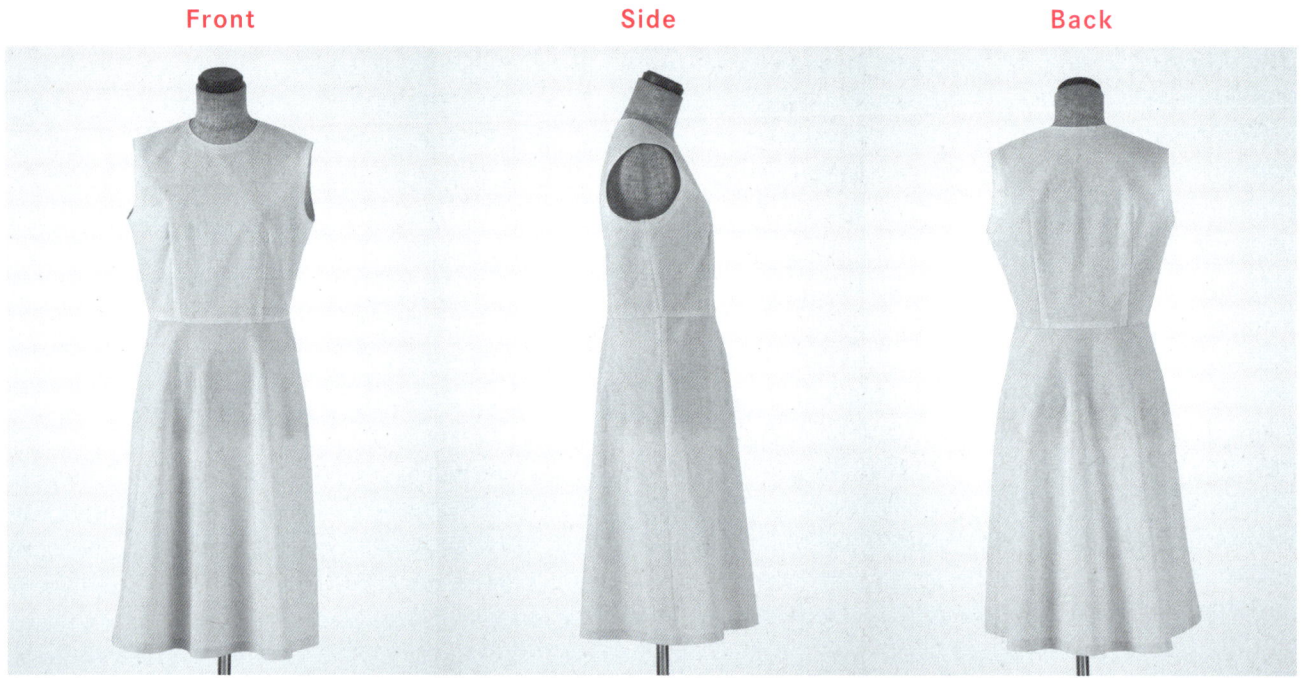

Pattern
※ ○ 안의 숫자는 시접, 정해진 곳 이외의 시접은 1cm

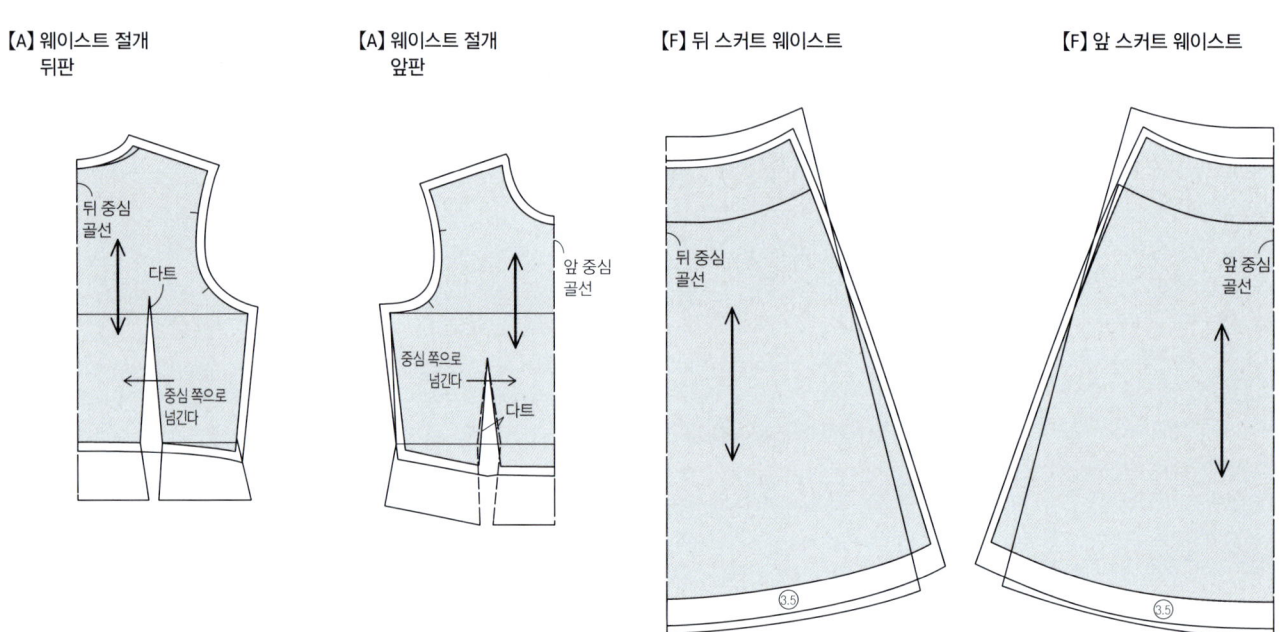

【A】웨이스트 절개 뒤판　　【A】웨이스트 절개 앞판　　【F】뒤 스커트 웨이스트　　【F】앞 스커트 웨이스트

Sewing Pattern Book
Dress

몸판의 변형

웨이스트 절개 (8쪽 이음)

밑단 둘레에 플레어가 넉넉히 들어가서 활짝 퍼지는 실루엣.
스커트를 8쪽으로 나눴으므로 옷감의 결이 일정해져 드레이프가 고르게 살아납니다.

Front　　　　　　Side　　　　　　Back

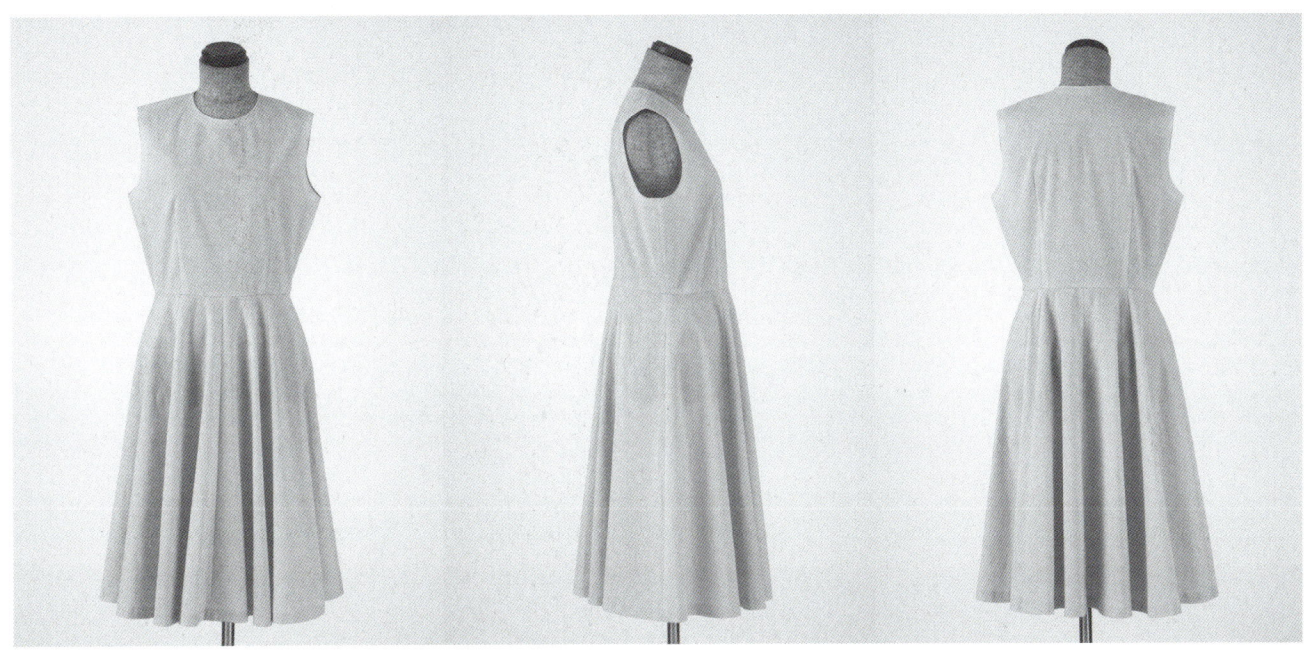

Pattern
※ ○ 안의 숫자는 시접, 정해진 곳 이외의 시접은 1cm
※ 앞·뒤판(→ P.40) 공통

【B】8쪽 이음 뒤 스커트
【B】8쪽 이음 뒤 옆스커트

【B】8쪽 이음 앞 스커트
【B】8쪽 이음 앞 옆스커트

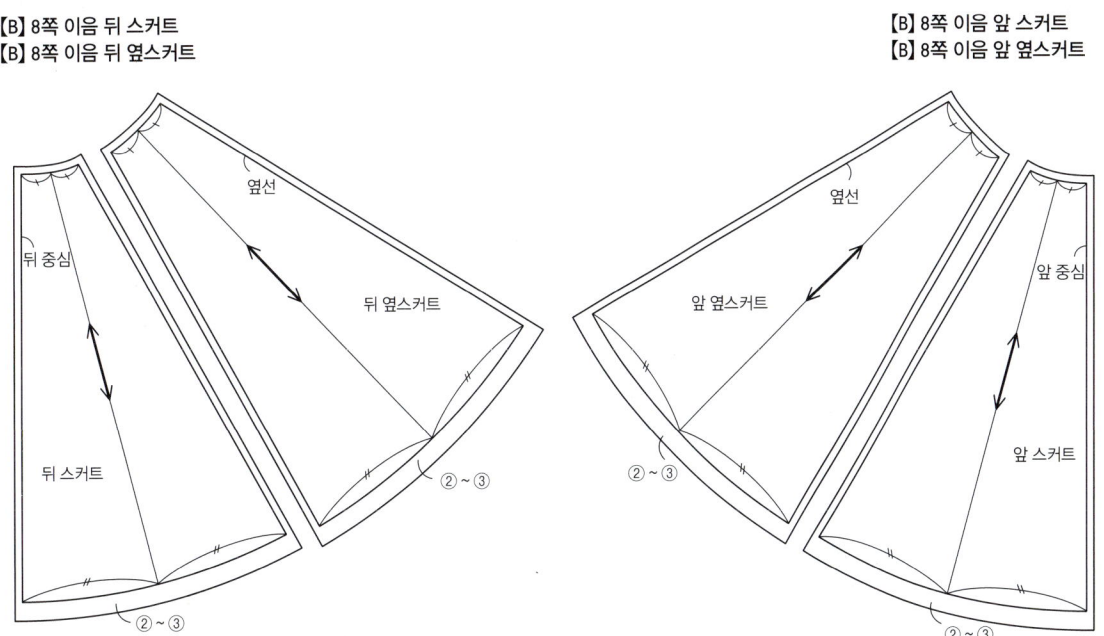

Sewing Pattern Book
Dress

몸판의 변형
웨이스트 절개(개더)

몸판(→ P.40)에 개더스커트를 달았습니다. 스커트는 직사각형으로 제도해 만듭니다.
개더 분량은 약 1.5배입니다.

Front　　　　　　　　Side　　　　　　　　Back

Pattern　※ ○ 안의 숫자는 시접, 정해진 곳 이외의 시접은 1cm
　　　　　　※ 왼쪽 또는 위부터 7 / 9 / 11 / 13 / 15호

【A】웨이스트 절개　　【A】웨이스트 절개
　　뒤판　　　　　　　　앞판

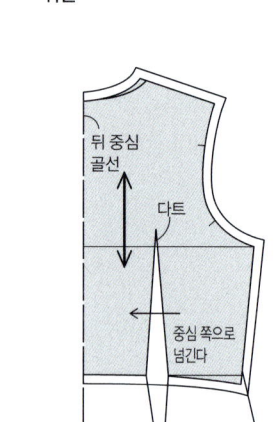 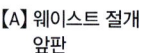 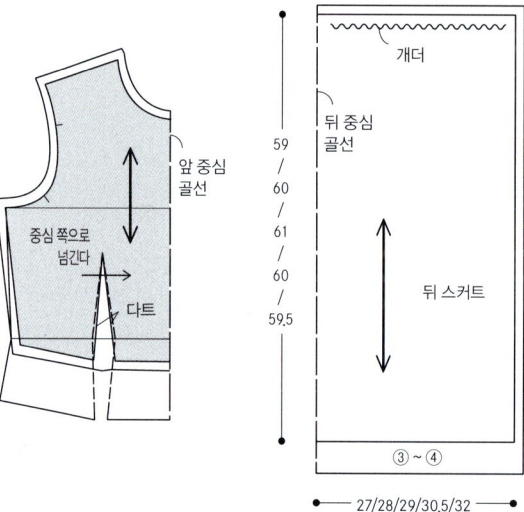 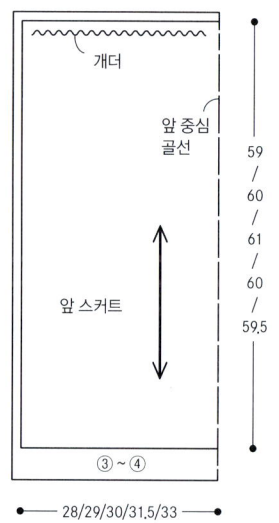

Sewing Pattern Book
Dress

몸판의 변형
웨이스트 절개(개더 넉넉히)

개더(→ P.42) 분량을 늘려서 스커트에 볼륨을 준 디자인.
개더 분량은 약 2.5배로 하이웨이스트 절개(→ P.37)보다 더 많이 넣었습니다.

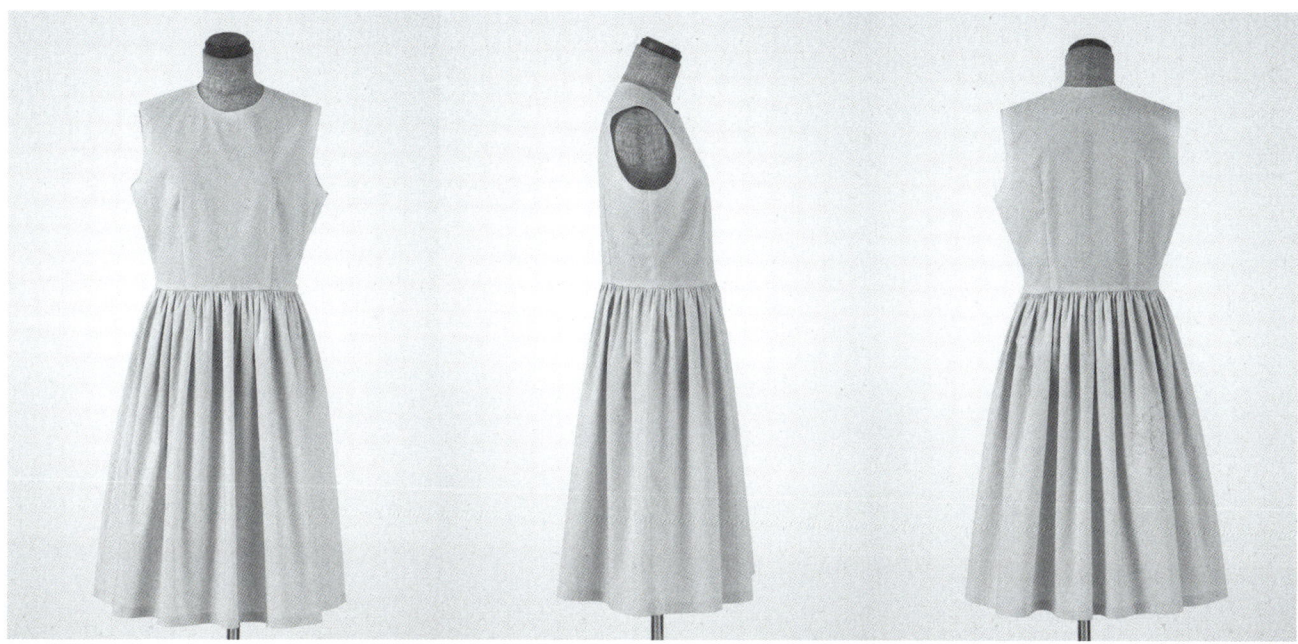

Front　　　　Side　　　　Back

Pattern
※ ○ 안의 숫자는 시접, 정해진 곳 이외의 시접은 1cm
※ 왼쪽 또는 위부터 7 / 9 / 11 / 13 / 15호
※ 앞·뒤판(→ P.42) 공통

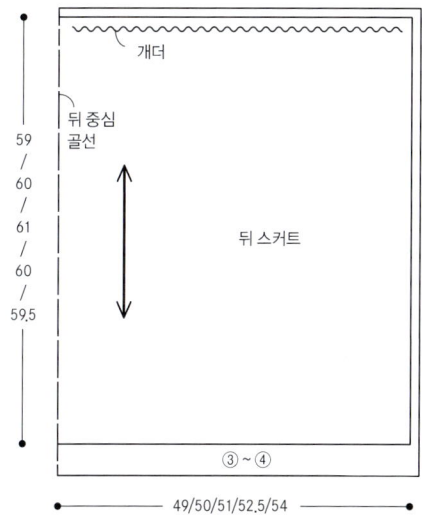

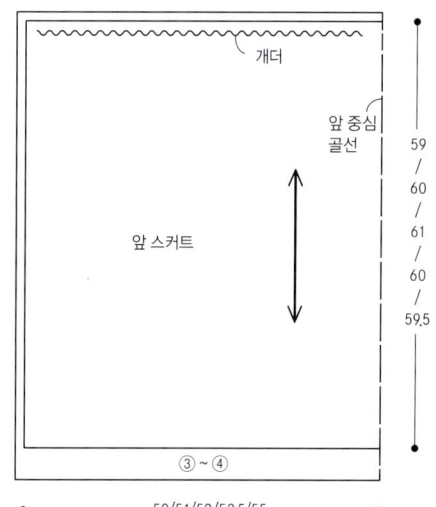

몸판의 변형
웨이스트 절개(턱 ❶)

앞·뒤 스커트에 턱을 2줄씩 깊게 넣은 디자인.
스커트의 턱은 옆선 쪽으로 넘겨서 몸판 다트 위치에 맞춥니다.

Front   **Side**   **Back**

Pattern
※ ○ 안의 숫자는 시접, 정해진 곳 이외의 시접은 1cm
※ 왼쪽 또는 위부터 7 / 9 / 11 / 13 / 15호

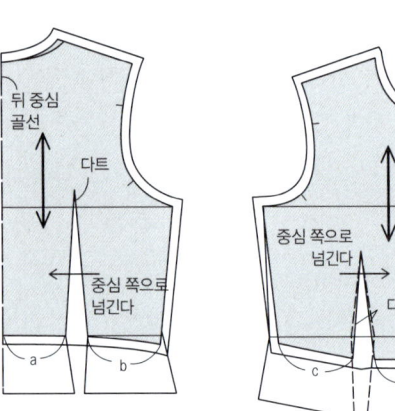

【A】웨이스트 절개 뒤판 / 앞판

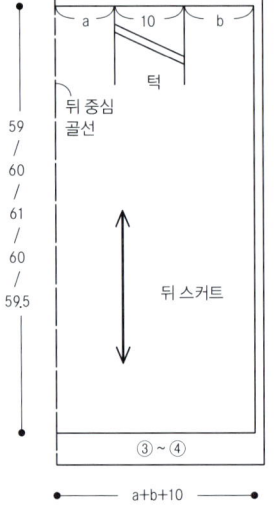

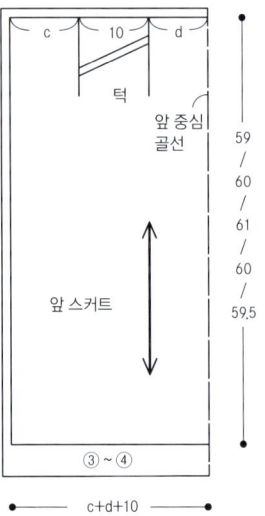

Sewing Pattern Book
Dress

몸판의 변형
웨이스트 절개(턱 ❷)

앞·뒤 스커트에 6줄씩 턱을 넣은 디자인. 턱은 옆선 쪽으로 넘깁니다.
스커트 허리둘레 쪽의 뒤 중심을 내리면 입체감이 생깁니다.

Front　　Side　　Back

Pattern

※ ○ 안의 숫자는 시접, 정해진 곳 이외의 시접은 1cm
※ 왼쪽 또는 위부터 7 / 9 / 11 / 13 / 15호
※ 앞·뒤판(→ P.44) 공통

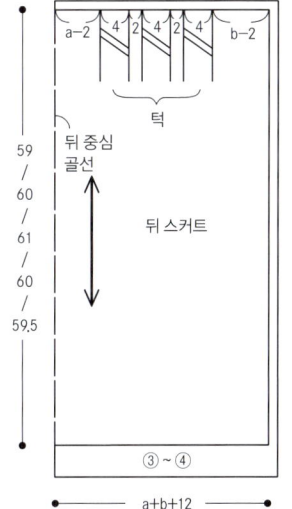

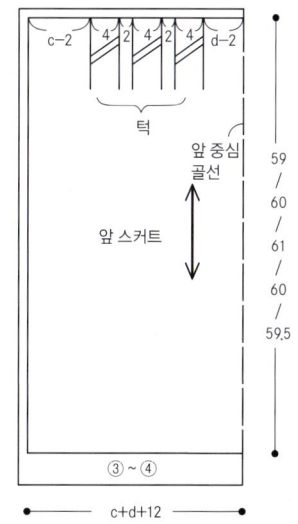

one point 더욱 입체적으로 보이게 하는 방법

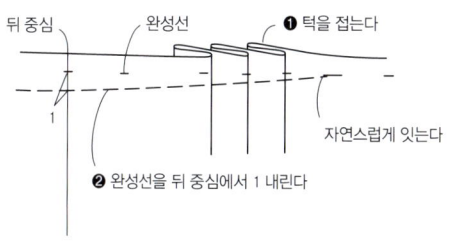

❶ 턱을 접는다
❷ 완성선을 뒤 중심에서 1 내린다
자연스럽게 잇는다

Sewing Pattern Book
Dress

몸판의 변형

로웨이스트 절개(기본)

허리둘레보다 8cm 내린 위치에 절개선을 넣은 디자인.
다트를 넣은 몸판에 플레어스커트를 달았습니다. 몸판은 공통이고, 스커트에 변화를 주었습니다.

Front　　　Side　　　Back

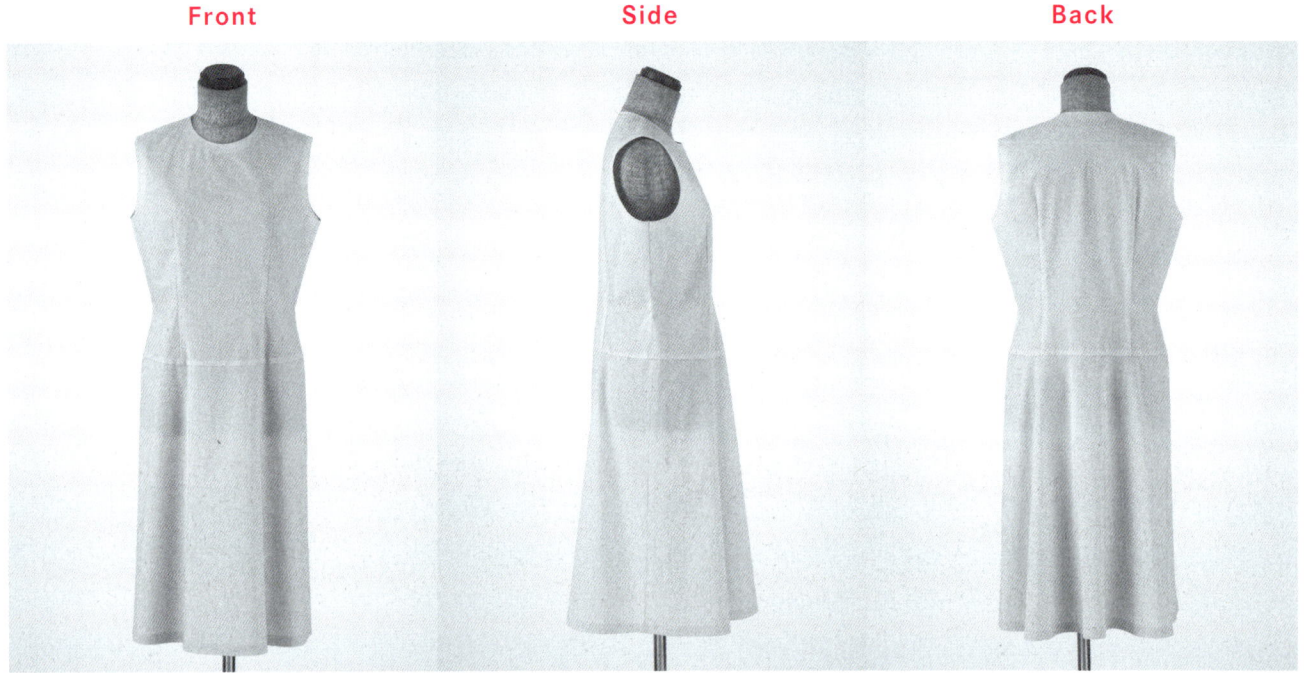

Pattern　※ ○ 안의 숫자는 시접, 정해진 곳 이외의 시접은 1cm

【A】로웨이스트 절개 뒤판　　【A】로웨이스트 절개 앞판　　【F】뒤 스커트 로웨이스트　　【F】앞 스커트 로웨이스트

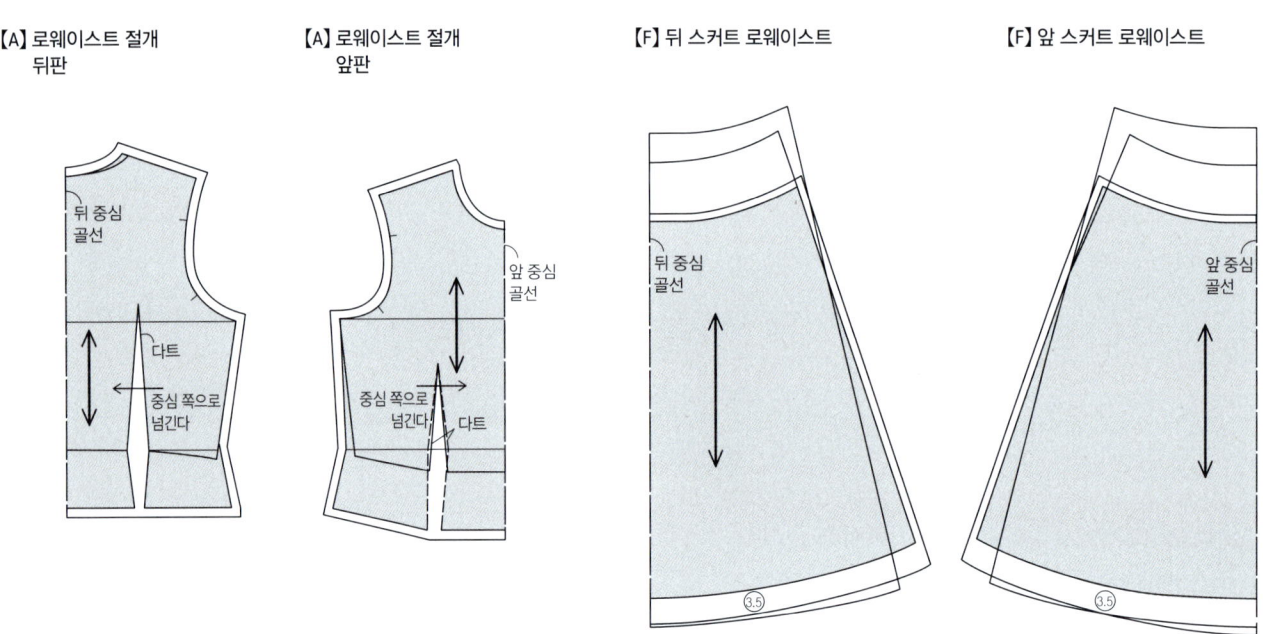

Sewing Pattern Book
Dress

몸판의 변형
로웨이스트 절개(개더 넉넉히)

스커트에 개더를 약 2배만큼 넣은 디자인.
밑단선이 일직선이 되도록 옆선을 조금 올렸지만, 체크무늬나 줄무늬 등 원단 무늬를 우선할 때는 평행으로 재단합니다.

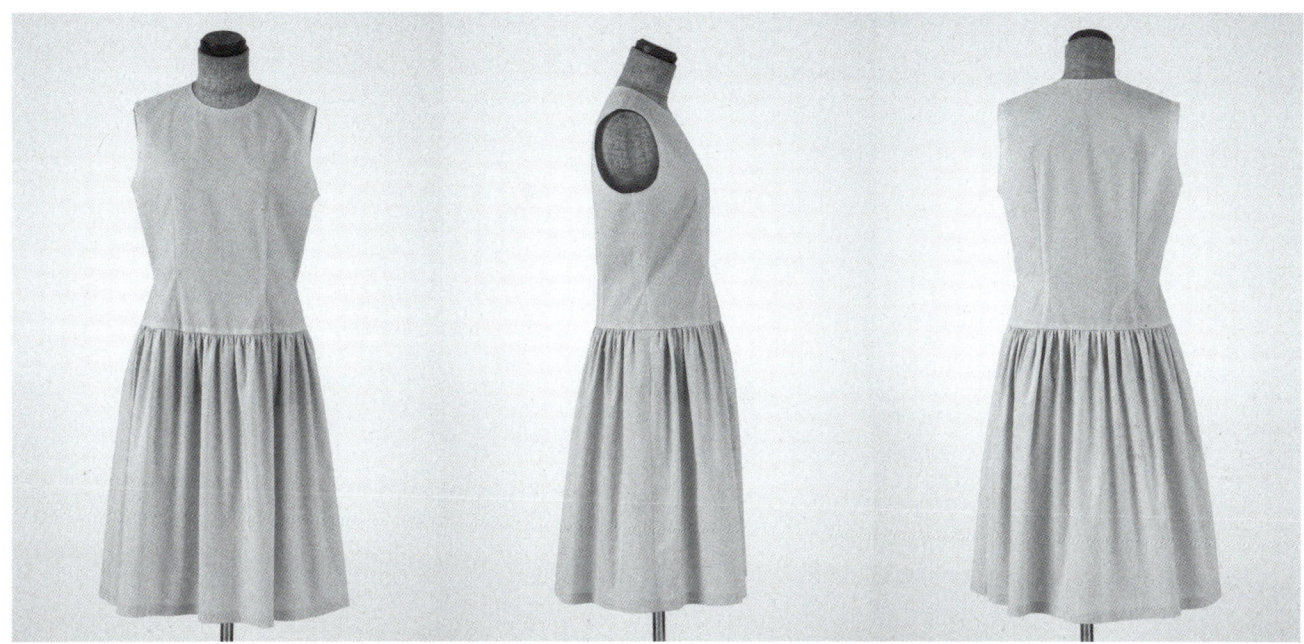

Front   Side   Back

Pattern
※ ○ 안의 숫자는 시접, 정해진 곳 이외의 시접은 1cm
※ 왼쪽 또는 위부터 7 / 9 / 11 / 13 / 15호
※ 앞·뒤판(→ P.46) 공통

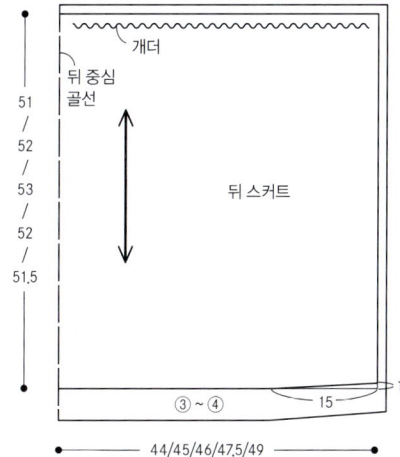

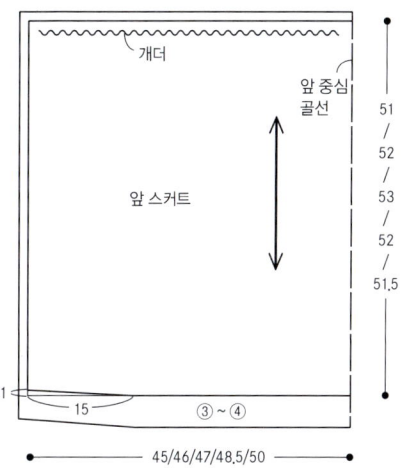

Sewing Pattern Book
Dress

몸판의 변형
로웨이스트 절개(턱 ❶)

앞·뒤 스커트는 중앙에 맞주름을 잡고 턱을 같은 폭으로 2줄씩 넣었습니다.
턱은 중심 쪽으로 넘깁니다.

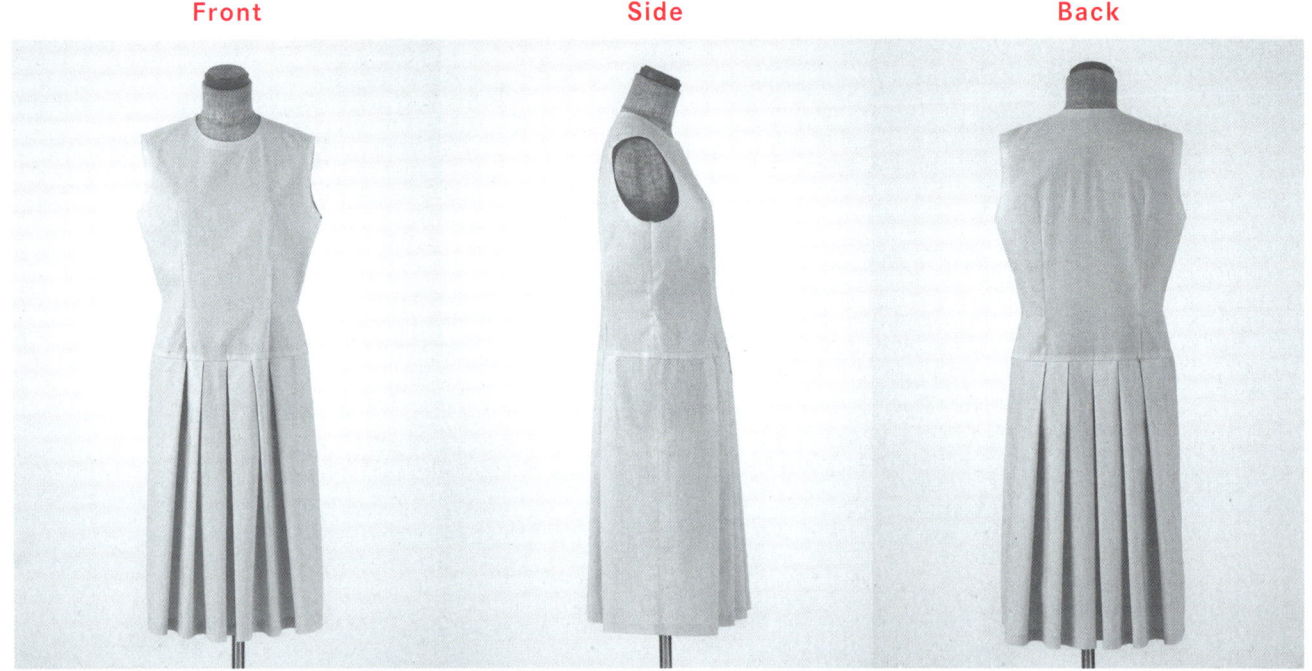

Pattern
※ ○ 안의 숫자는 시접, 정해진 곳 이외의 시접은 1cm
※ 왼쪽 또는 위부터 7 / 9 / 11 / 13 / 15호

【A】로웨이스트 절개 뒤판   　【A】로웨이스트 절개 앞판

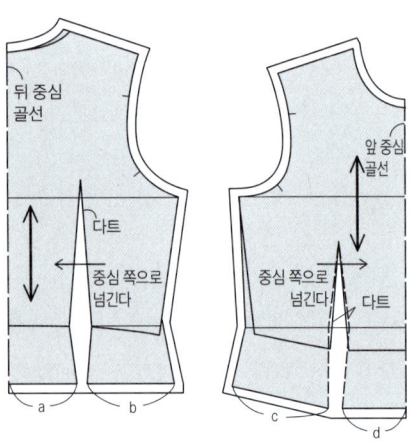
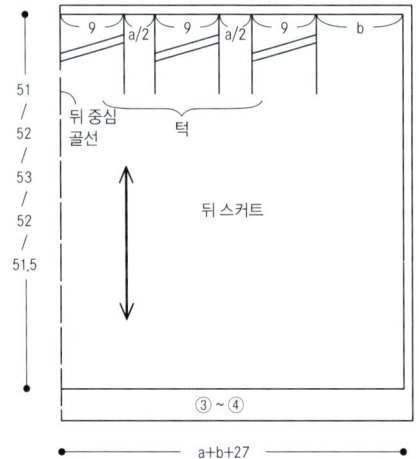
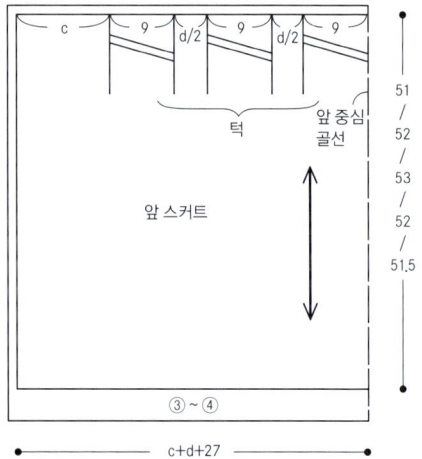

Sewing Pattern Book
Dress

몸판의 변형
로웨이스트 절개(턱) ❷

스커트는 허리둘레를 뻥 돌아가며 감싸듯이 일정한 폭의 턱을 같은 방향으로 넣습니다.
분량이 많으므로 도중에 원단을 이을 때는 눈에 잘 띄지 않도록 주름 속에서 잇습니다.

Front Side Back

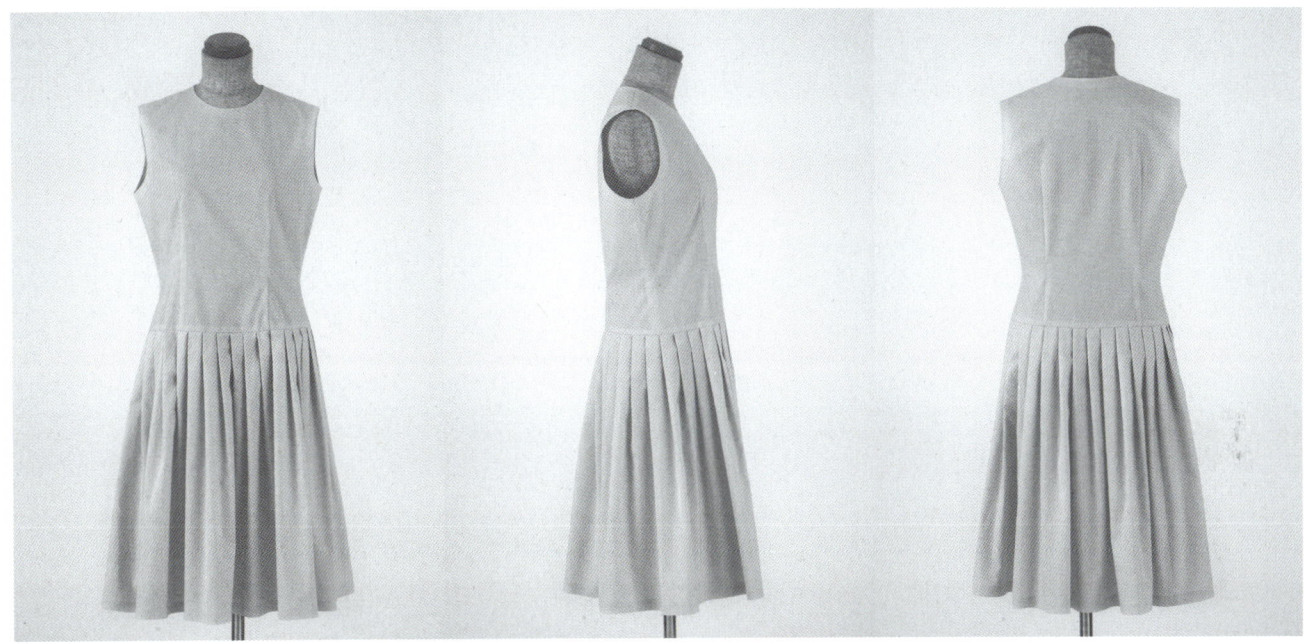

Pattern

※ ○ 안의 숫자는 시접, 정해진 곳 이외의 시접은 1cm
※ 왼쪽 또는 위부터 7 / 9 / 11 / 13 / 15호
※ 앞·뒤판(→ P.48) 공통

51 / 52 / 53 / 52 / 51.5

☆/2

골선   허리둘레에 턱   골선

- 턱의 폭 = 폭 5cm(•)
- 턱의 개수 = 36개(7·9·11호)
  　　　　　38개(13·15호)
- ☆ = (a + b + c + d) ÷ 36(7·9·11호)
  　　(a + b + c + d) ÷ 38(13·15호)

③ ~ ④

a + b + c + d + 180(7·9·11호)
　　　　　　　　190(13·15호)
↑
턱의 폭 × 개수

one point 원단 잇는 법

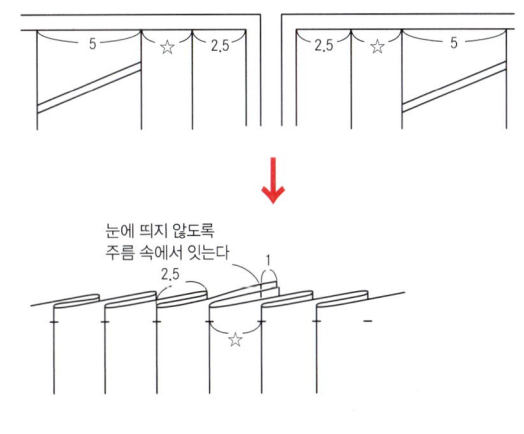

눈에 띄지 않도록
주름 속에서 잇는다

Sewing Pattern Book
Dress

몸판의 변형
어깨 요크 절개(개더)

어깨 요크로 절개한 디자인. 앞·뒤판에는 개더를 넣었습니다.
옆선의 허리둘레 부분을 줄이면 스마트한 세로 라인이 됩니다.

Pattern   ※ ○ 안의 숫자는 시접, 정해진 곳 이외의 시접은 1cm

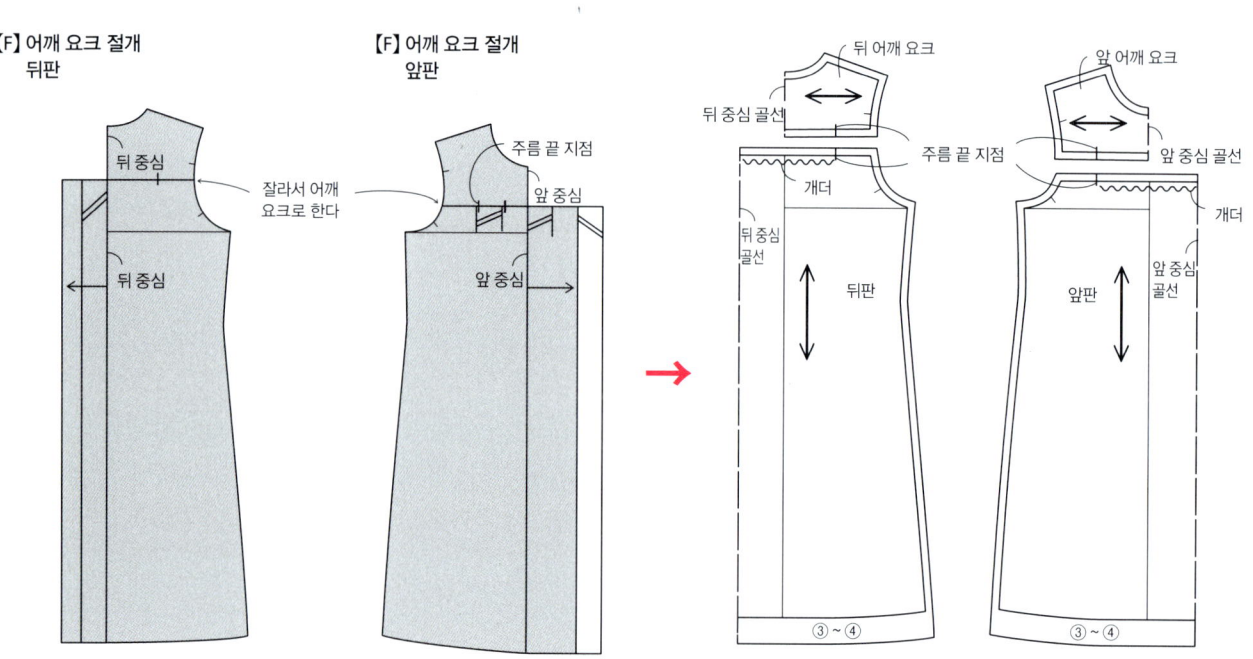

Sewing Pattern Book
Dress

몸판의 변형
어깨 요크 절개 (핀턱)

어깨 요크 절개의 변형 디자인으로 앞판 가운데 부분에 핀턱을 넣었습니다.
앞 중심은 턱 분량만큼 평행하게 옮겨서 내줍니다. 뒤판은 평평한 디자인입니다.

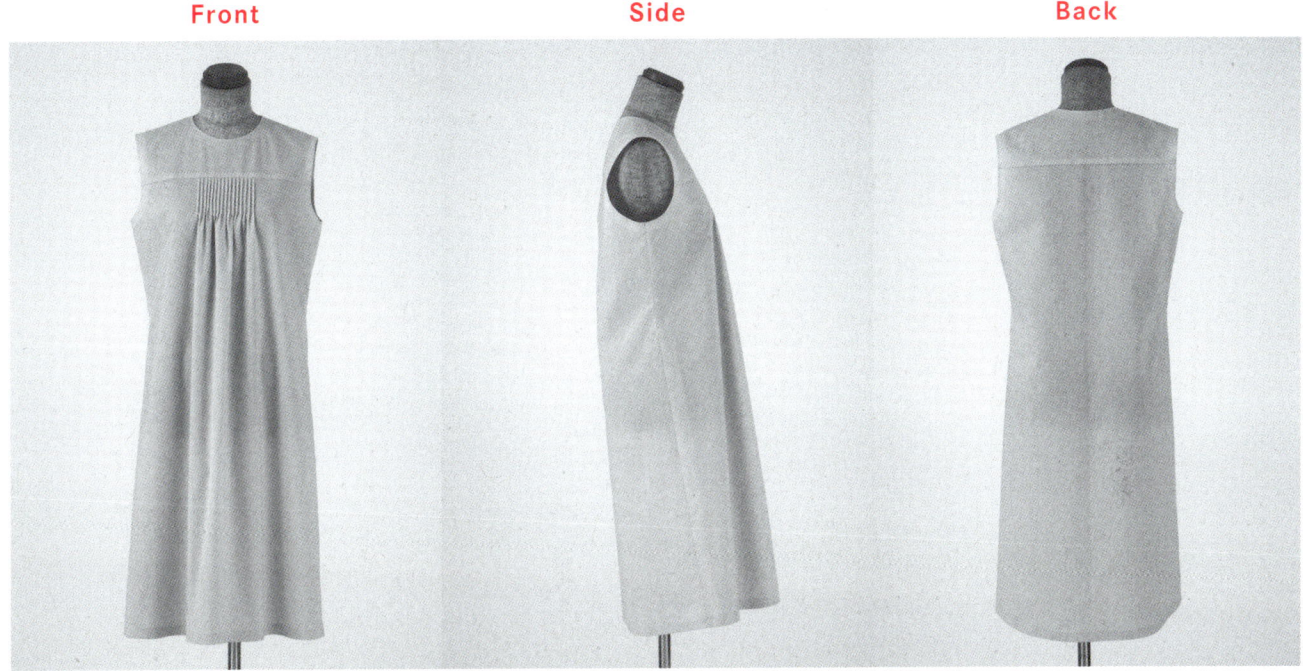

Pattern
※ ○ 안의 숫자는 시접, 정해진 곳 이외의 시접은 1cm

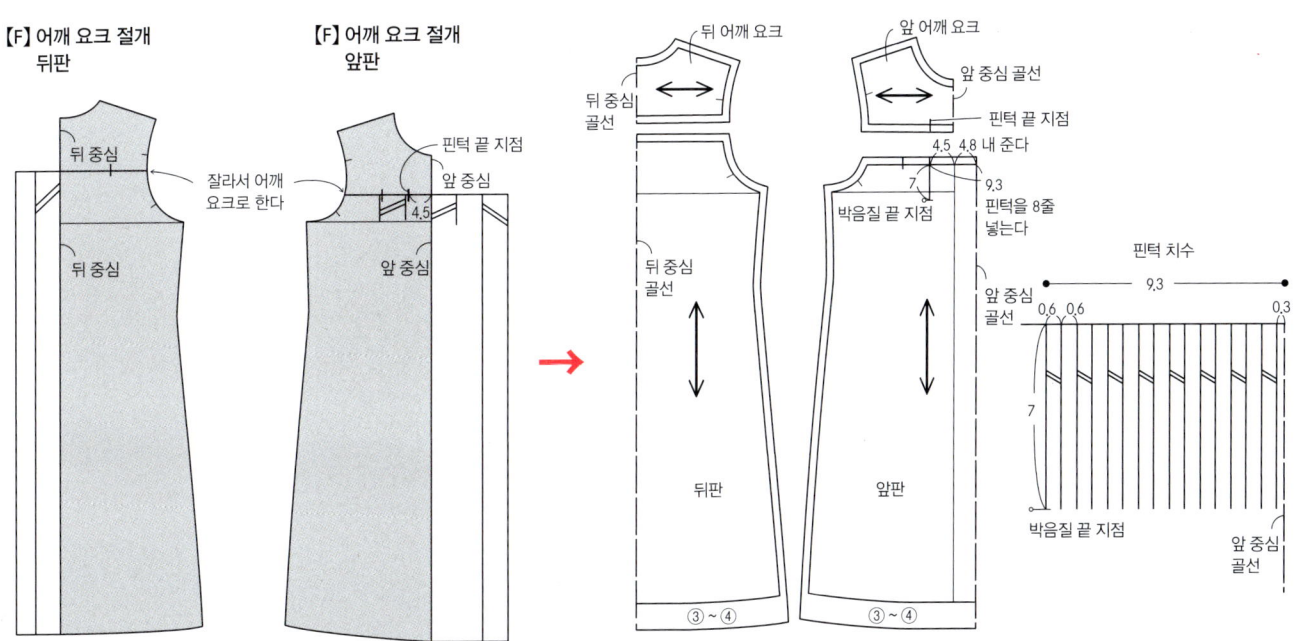

몸판의 변형
어깨 요크 절개(턱)

어깨 요크 절개의 변형 디자인으로 앞·뒤판에 턱을 넣은 디자인.
턱의 방향, 폭, 개수는 취향에 맞춰 변경합니다.

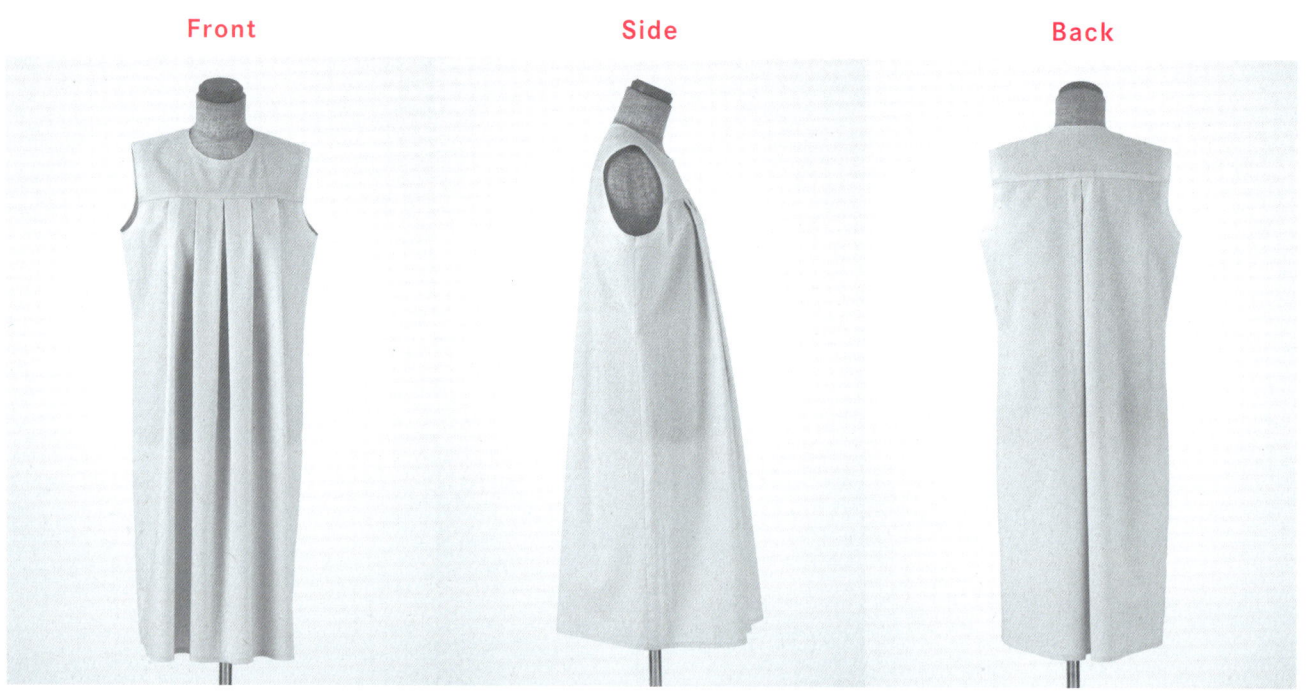

Pattern
※ ○ 안의 숫자는 시접, 정해진 곳 이외의 시접은 1cm

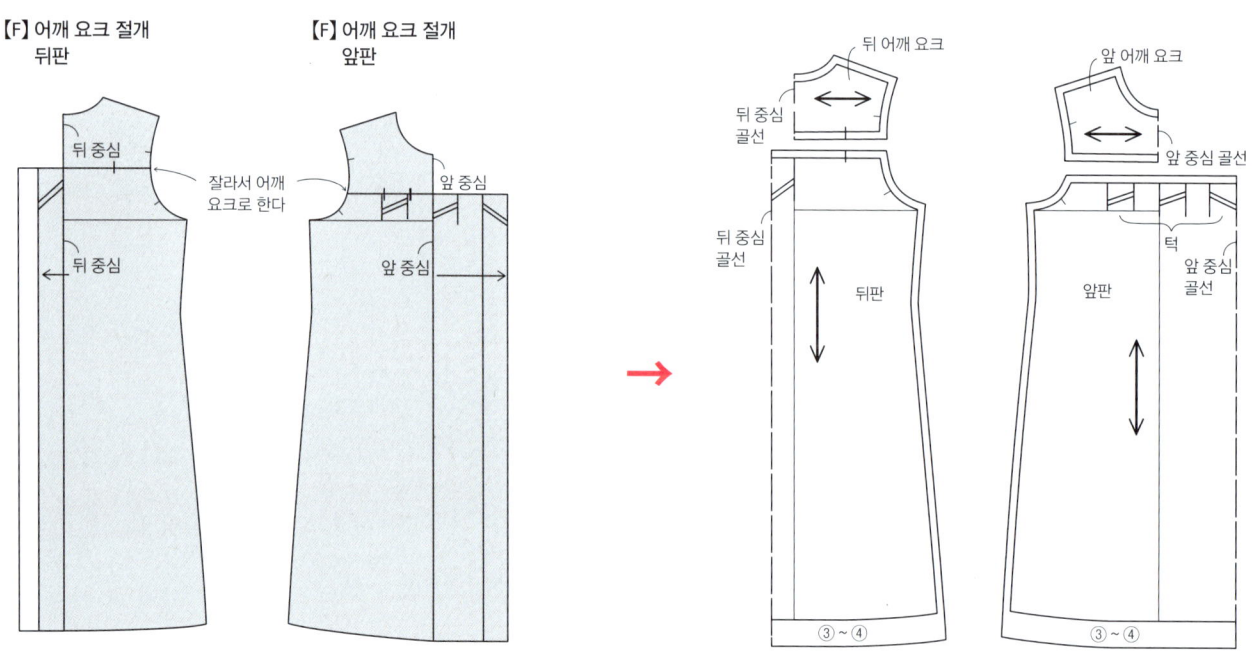

개더

개더는 원단을 박은 뒤 그 실을 잡아당겨서 줄이며 촘촘한 주름을 잡는 것으로, 옷을 입체적으로 만들기 위한 기법 가운데 하나입니다.

개더 박는 법

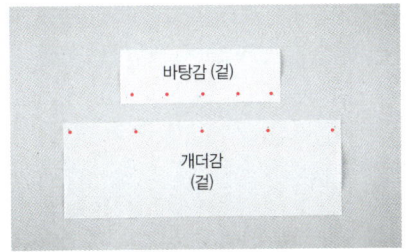

1 바탕감과 개더감에 각각 맞춤점을 표시합니다. 개더를 고르게 넣으려면 맞춤점이 필요합니다.

2 재봉틀의 큰 땀(바늘땀 길이 4.0mm 전후)으로 2줄을 박습니다. 박기 시작할 때와 마칠 때는 되돌아박기를 하지 않고 실 끝을 10cm 남깁니다.

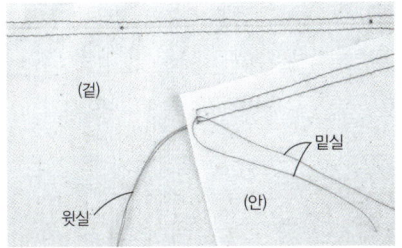

3 양 끝의 밑실은 풀리지 않도록 2줄을 같이 묶습니다.

---

one point 큰 땀으로 2줄 박는 법 ※ 시접 1cm로 설명

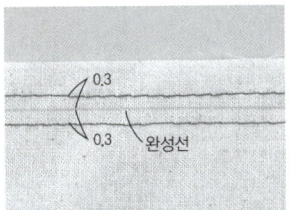

완성선 위아래에 박는다
완성선을 사이에 두고 위아래에 박으면 주름이 잘 고정된 상태로 바탕감과 박을 수 있습니다. 아래쪽 실은 겉에서 보이니 나중에 뽑아야 합니다.

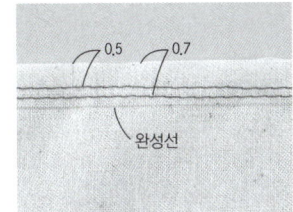

시접 안에 박는다
시접 안에 2줄을 박으므로 나중에 실을 뽑지 않아도 됩니다. 바늘구멍이 눈에 띄는 원단이나 얇은 원단 등에 적합합니다. 단, 개더감과 바탕감을 박을 때 주름 모양이 개더가 아니라 턱처럼 되기 쉬우니 주의합니다.

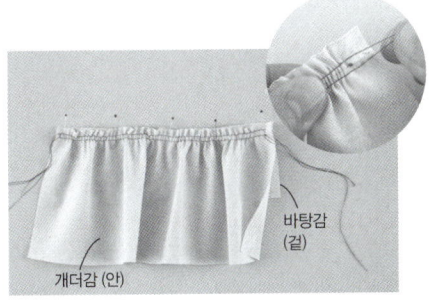

4 윗실 2줄을 같이 당겨서 정해진 치수가 될 때까지 주름을 잡습니다. 개더감과 바탕감을 겉끼리 맞대고 시침핀을 맞춤점에 꽂습니다.

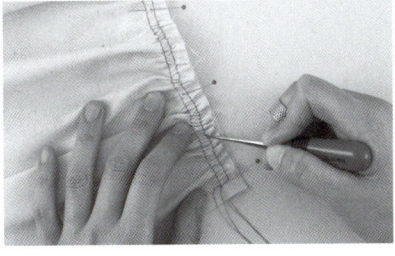

5 개더가 고르게 들어가도록 맞춤점과 맞춤점 사이를 송곳으로 정리합니다. 필요에 따라 맞춤점 사이에 시침핀을 꽂습니다.

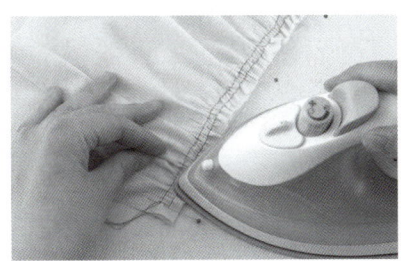

6 시접만 다려서 주름이 자리 잡도록 합니다.

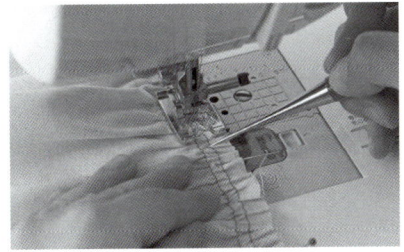

7 주름이 어긋나지 않도록 송곳으로 누르면서 완성선을 박습니다.

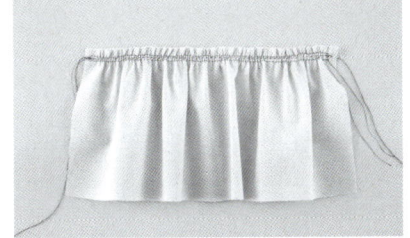

8 개더가 고르게 들어간 상태로 박았습니다.

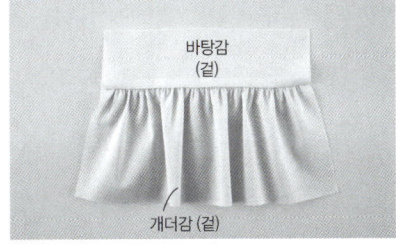

9 시접을 바탕감 쪽으로 넘긴 뒤 겉으로 뒤집은 모습. 겉에서 보이는 큰 땀 재봉실은 뽑아냅니다.

몸판의 변형
카슈쾨르 하이웨이스트 절개(기본)

가슴 부분이 겹쳐지는 형태의 카슈쾨르.
하이웨이스트 절개로 하고 몸판은 다트를 넣어서 줄인 뒤 플레어스커트를 달았습니다.

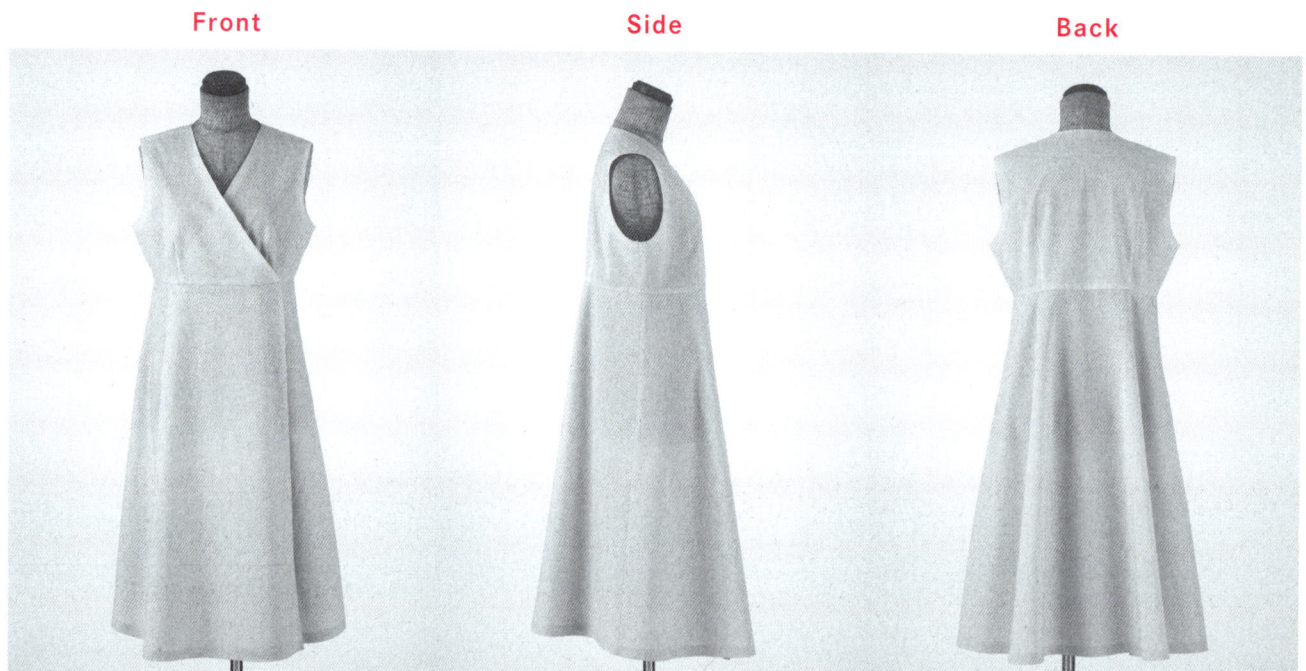

Pattern
※ ○ 안의 숫자는 시접, 정해진 곳 이외의 시접은 1cm

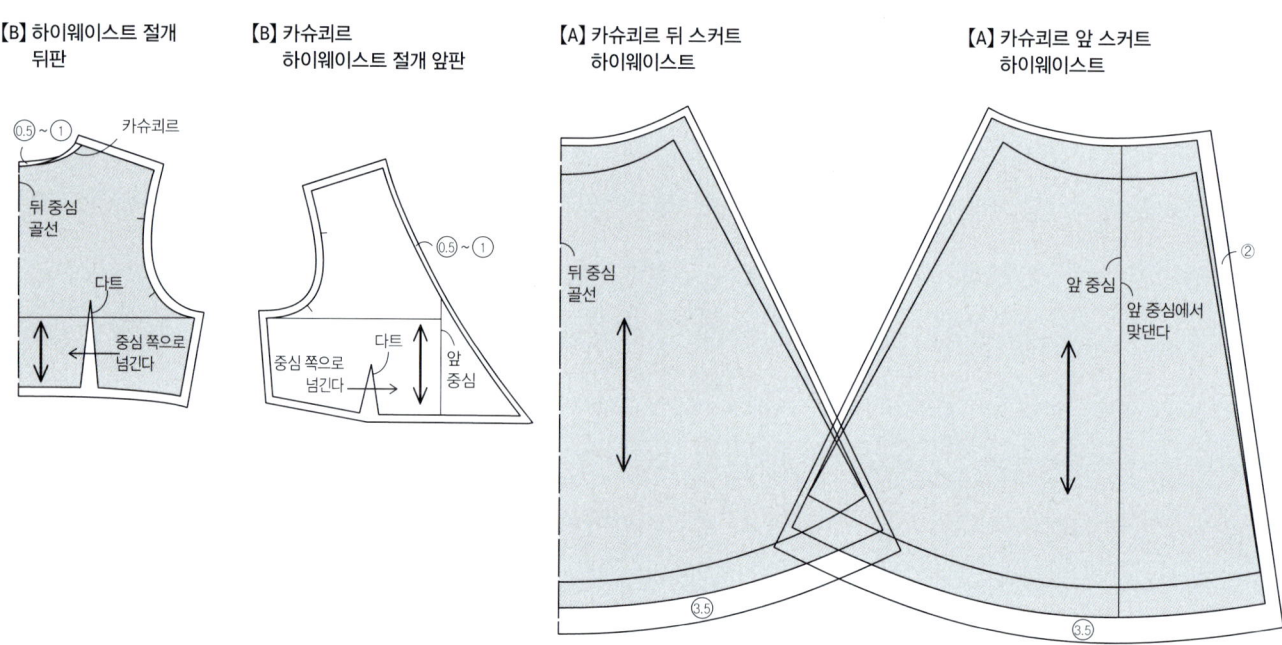

몸판의 변형
카슈쾨르 하이웨이스트 절개(개더 넉넉히)

같은 몸판(→ P.54)에 개더를 넉넉히 넣은 스커트를 달았습니다.
개더 분량이나 길이는 취향대로 늘이거나 줄입니다.

Front　　　　　　Side　　　　　　Back

Pattern
※ ○ 안의 숫자는 시접, 정해진 곳 이외의 시접은 1cm
※ 왼쪽 또는 위부터 7 / 9 / 11 / 13 / 15호
※ 앞·뒤판(→ P.54) 공통

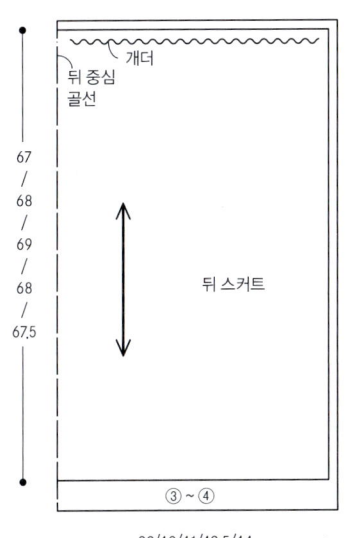

뒤 중심 골선
개더
뒤 스커트
67 / 68 / 69 / 68 / 67.5
③~④
39/40/41/42.5/44

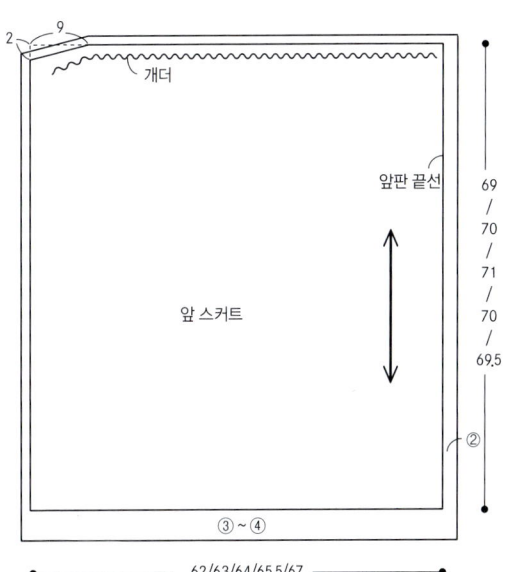

개더
앞판 끝선
앞 스커트
2　9
69 / 70 / 71 / 70 / 69.5
②
③~④
62/63/64/65.5/67

Sewing Pattern Book
Dress
55

몸판의 변형
카슈쾨르 웨이스트 절개 (기본)

가슴 부분이 겹쳐지는 형태의 카슈쾨르.
웨이스트 절개로 하고 몸판은 다트를 넣어서 줄인 뒤 플레어스커트를 달았습니다.

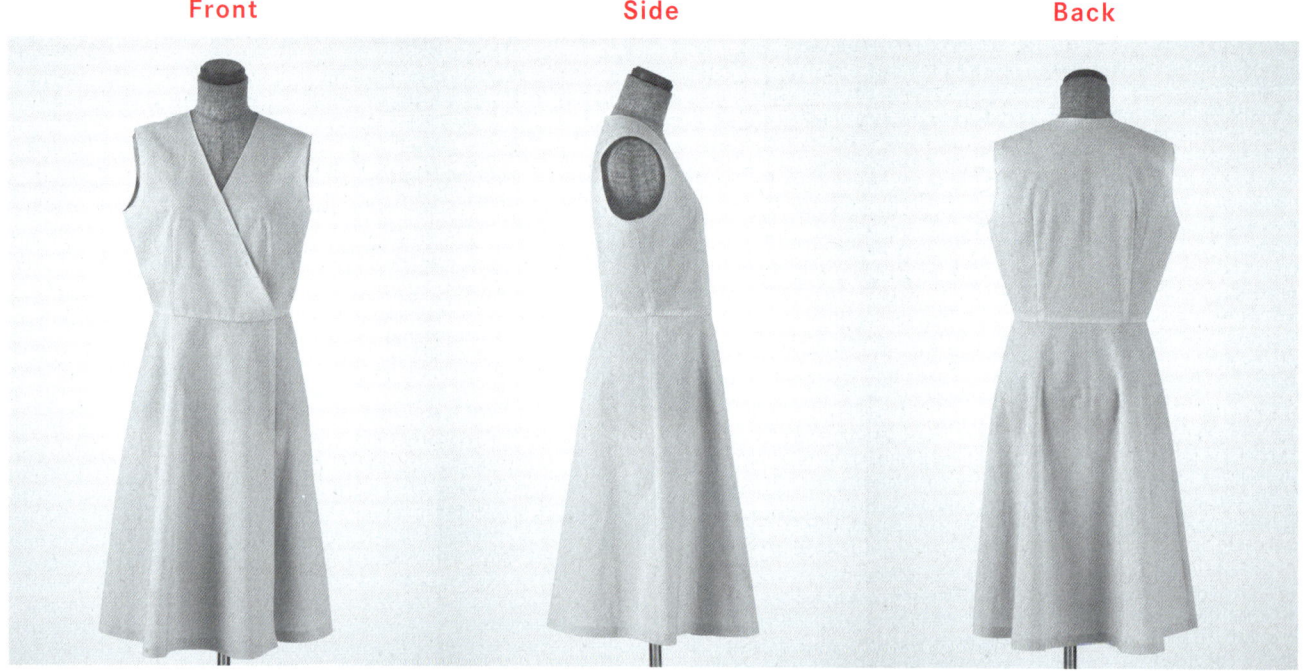

Pattern
※ ○ 안의 숫자는 시접. 정해진 곳 이외의 시접은 1cm

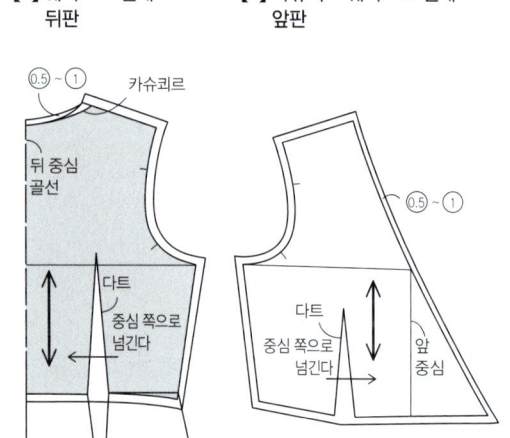

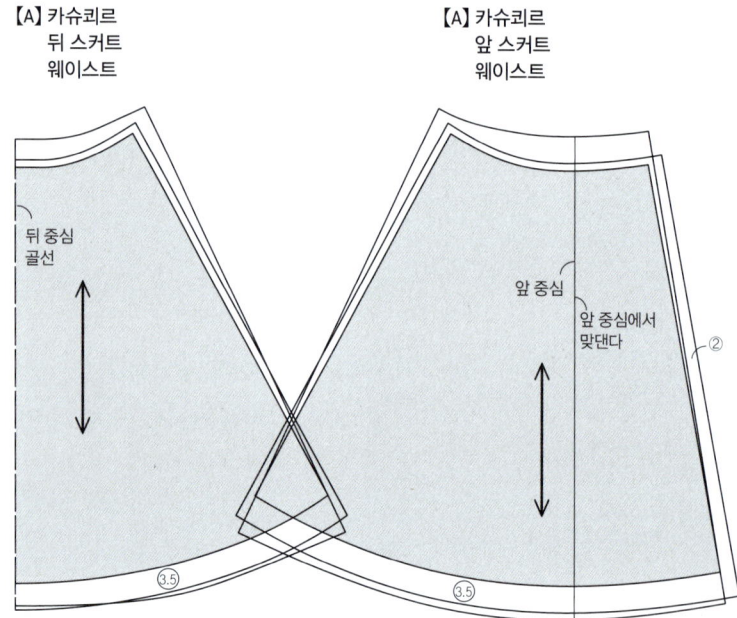

몸판의 변형
카슈쾨르 웨이스트 절개 (개더 넉넉히)

같은 몸판(→ P.56)에 개더를 넉넉히 넣은 스커트를 달았습니다.
개더 분량이나 길이는 취향대로 늘이거나 줄입니다.

Front　　　Side　　　Back

Pattern
※ ○ 안의 숫자는 시접, 정해진 곳 이외의 시접은 1cm
※ 왼쪽 또는 위부터 7 / 9 / 11 / 13 / 15호
※ 앞·뒤판(→ P.56) 공통

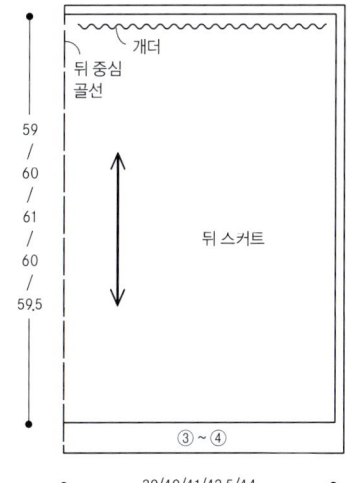

개더
뒤 중심 골선
뒤 스커트
59 / 60 / 61 / 60 / 59.5
③~④
39/40/41/42.5/44

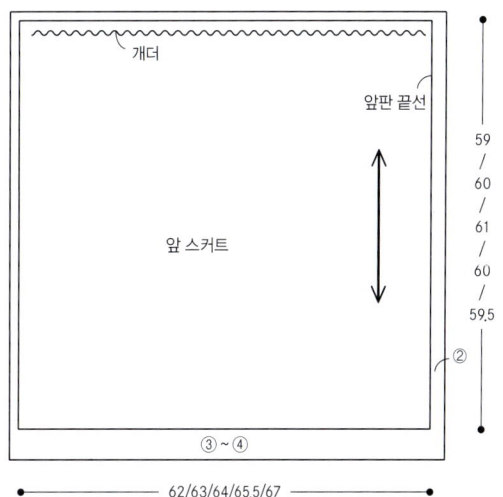

개더
앞판 끝선
앞 스커트
59 / 60 / 61 / 60 / 59.5
②
③~④
62/63/64/65.5/67

Sewing Pattern Book
Dress

몸판의 변형

빅 실루엣(기본)

캐주얼한 실루엣을 좋아하는 사람에게 적합한,
지금까지의 몸판과는 별도로 소개하는 빅 실루엣. 몸판만 소개합니다.

Front　　　　　　　　Side　　　　　　　　Back

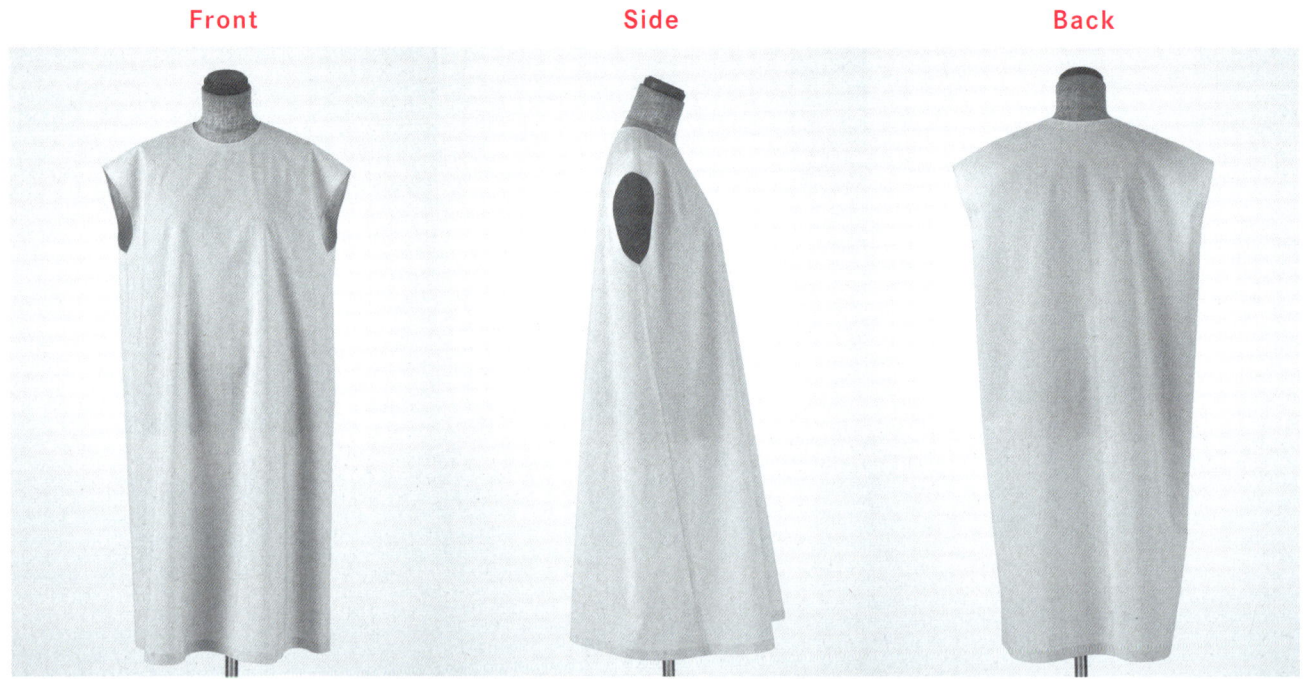

Pattern
※ ○ 안의 숫자는 시접. 정해진 곳 이외의 시접은 1cm

【E】빅 실루엣 뒤판 기본　　　　　【E】빅 실루엣 앞판 기본

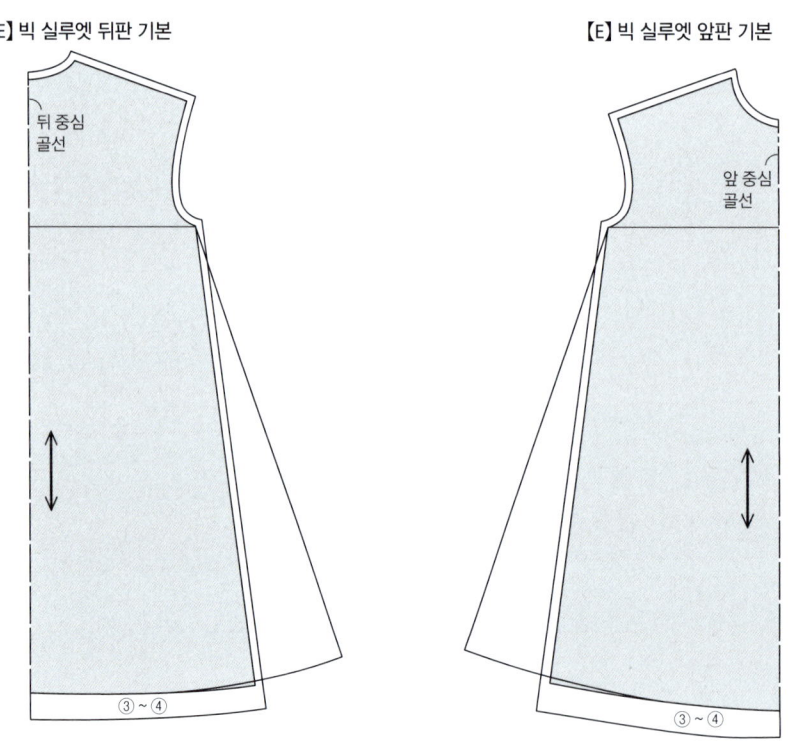

Sewing Pattern Book
Dress

몸판의 변형

빅 실루엣(플레어)

빅 실루엣(기본) 몸판(→ P.58)보다 밑단 둘레 분량을 늘린 플레어 실루엣.
옷 길이를 늘이거나 줄이는 식으로 응용해서 즐겨보세요.

Front　　　　　　　　Side　　　　　　　　Back

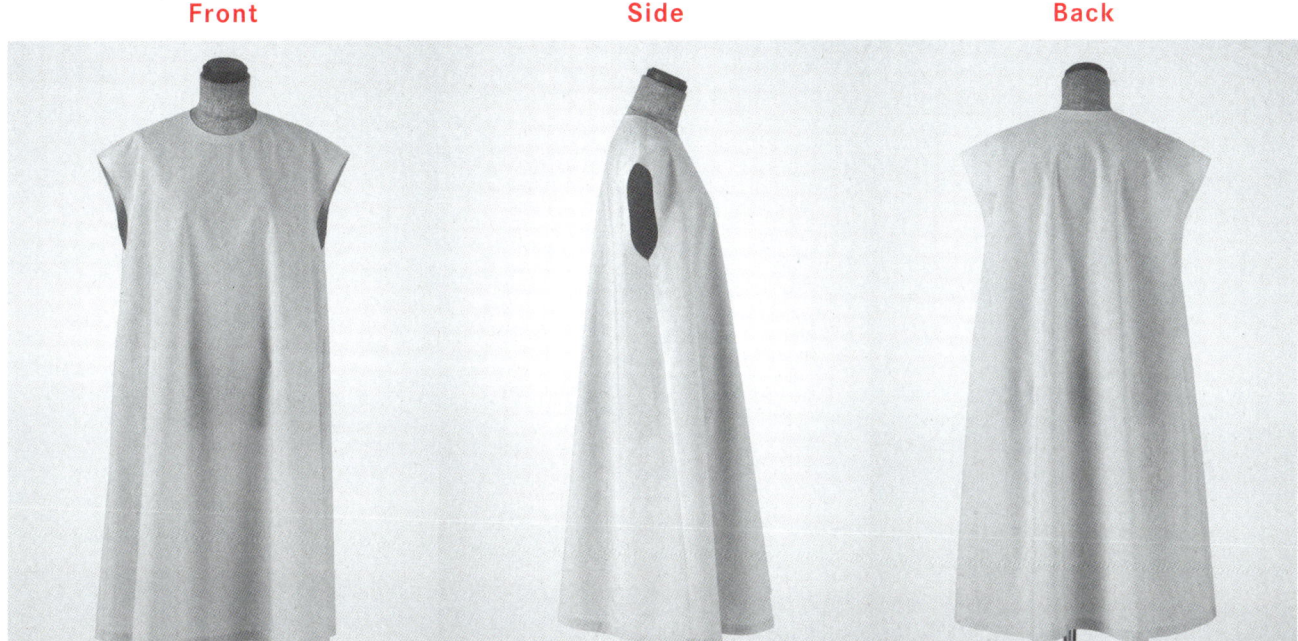

Pattern ※ ○ 안의 숫자는 시접, 정해진 곳 이외의 시접은 1cm

【E】빅 실루엣 뒤판 플레어　　　【E】빅 실루엣 앞판 플레어

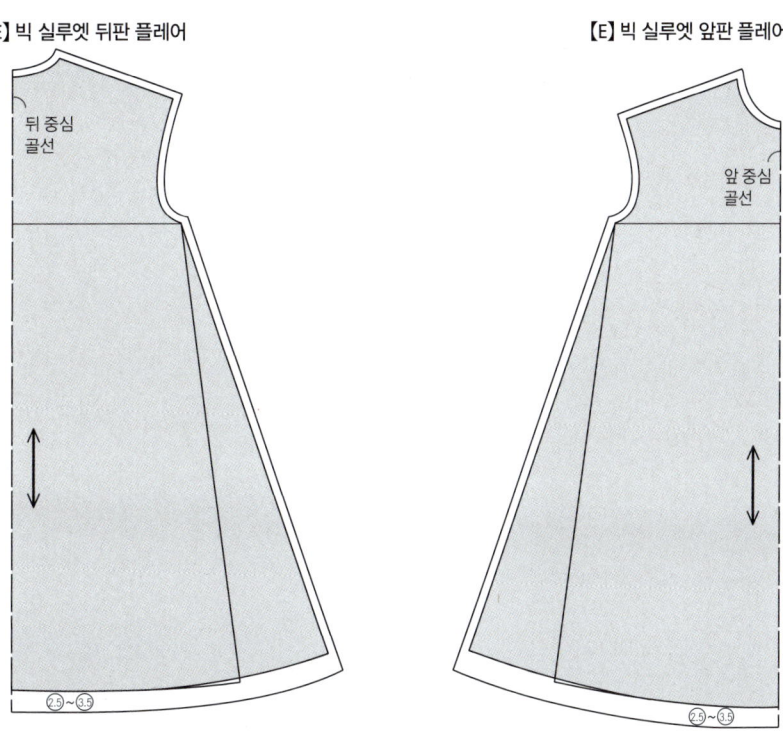

소매의 변형
기본 소매

기본이 되는 통 모양 소매. 10부 길이의 긴소매, 팔꿈치까지 오는 5부 소매, 짧은 반소매, 소매를 달지 않는 민소매를 비교했습니다. 이후에 소개하는 소매는 빅 실루엣(→ P.58·59) 외의 모든 몸판의 진동둘레에 달 수 있습니다.

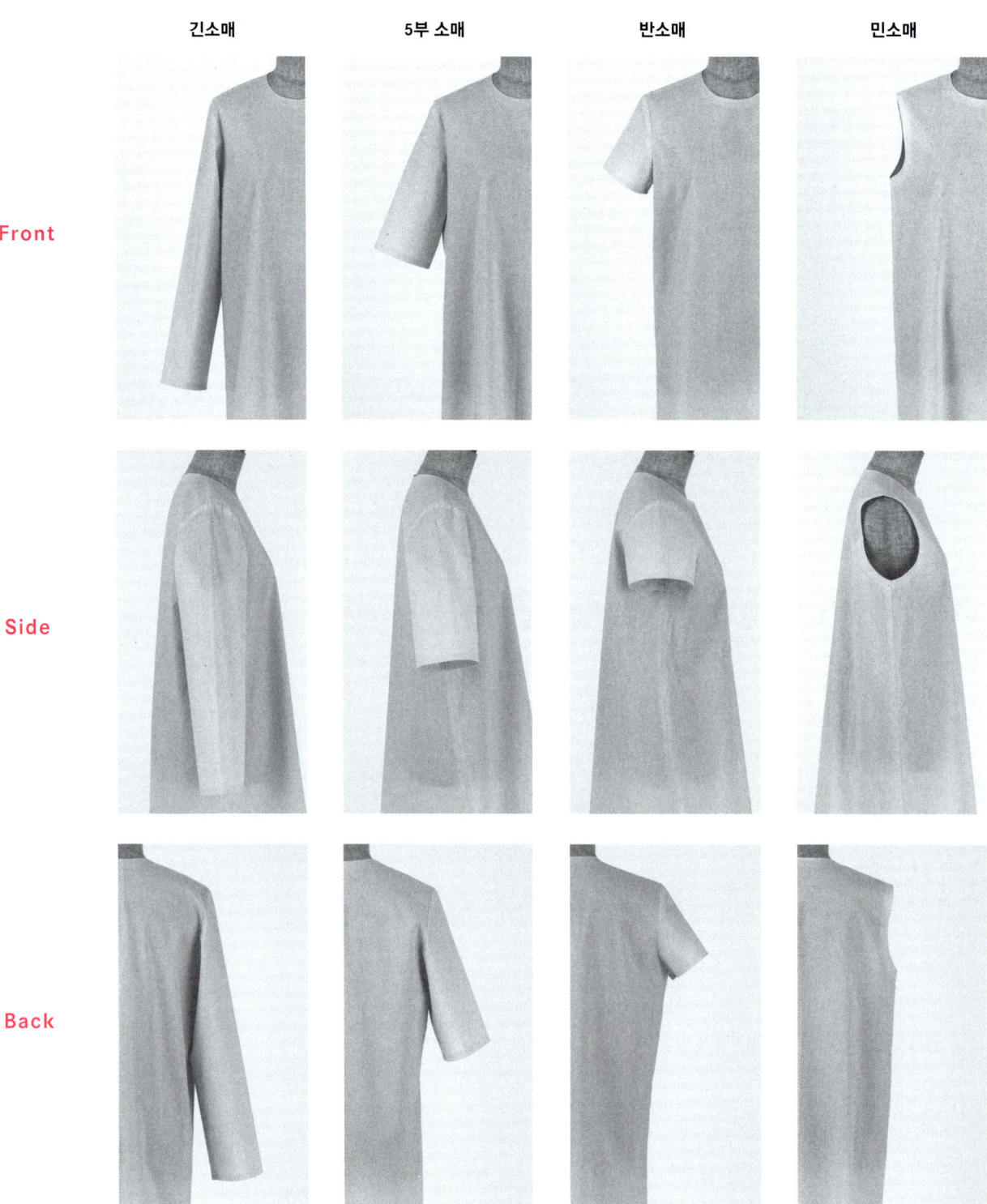

Sewing Pattern Book
Dress

Pattern

※ ○ 안의 숫자는 시접, 정해진 곳 이외의 시접은 1cm
※ ░░░ 는 접착심을 붙인다

〈민소매〉

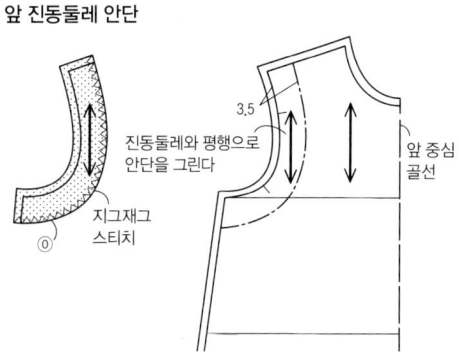

〈긴소매·5부 소매·반소매〉

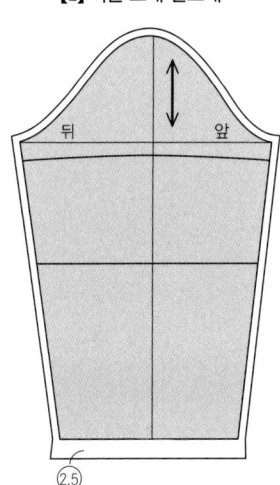

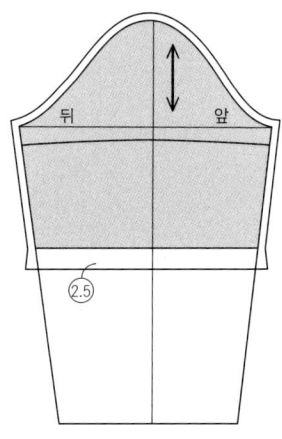

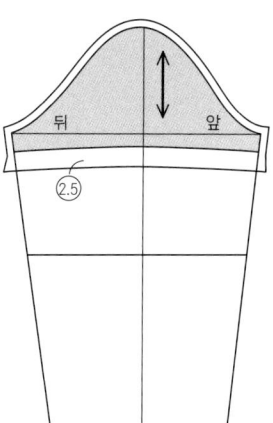

소매의 변형 · 긴소매
소맷부리 개더 / 소매산 · 소맷부리 개더

왼쪽은 소맷부리에만, 오른쪽은 소매산과 소맷부리에 개더를 넣었습니다.
소맷부리 개더는 오른쪽이 더 많이 들어갔지만, 커프스는 공통입니다.

Front   Side   Back   Front   Side   Back

Pattern
※ ○ 안의 숫자는 시접, 정해진 곳 이외의 시접은 1cm
※ ▨는 접착심을 붙인다
※ 커프스 · 소맷부리 안단은 공통

【D】긴소매 소맷부리 개더

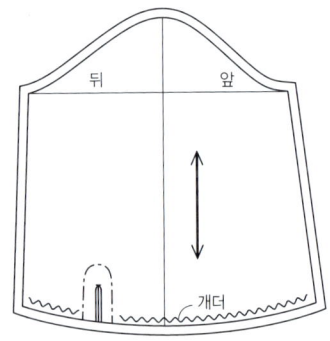

【D】긴소매 소매산 · 소맷부리 개더
※ 몸판 진동둘레의 어깨 쪽(위쪽) 맞춤점이 주름 끝 지점의 위치

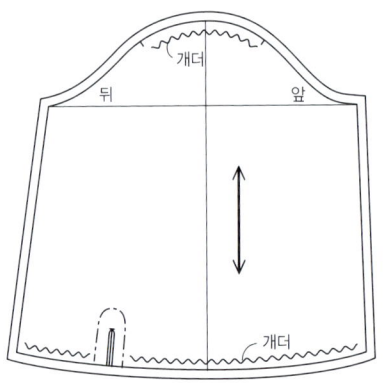

소맷부리 안단
※ 소매에서 만든다

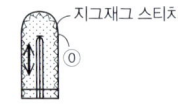

커프스 ※ 왼쪽부터 7 / 9 / 11 / 13 / 15호

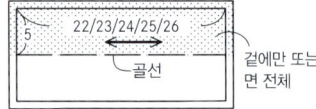

Sewing Pattern Book
Dress

소매의 변형 · 긴소매
벌룬

풍선처럼 크게 부푼 벌룬 소매.
소매산은 납작하고 소맷부리에 개더를 듬뿍 잡아서 부푼 모양을 만들었습니다.

Front　　　　　Side　　　　　Back

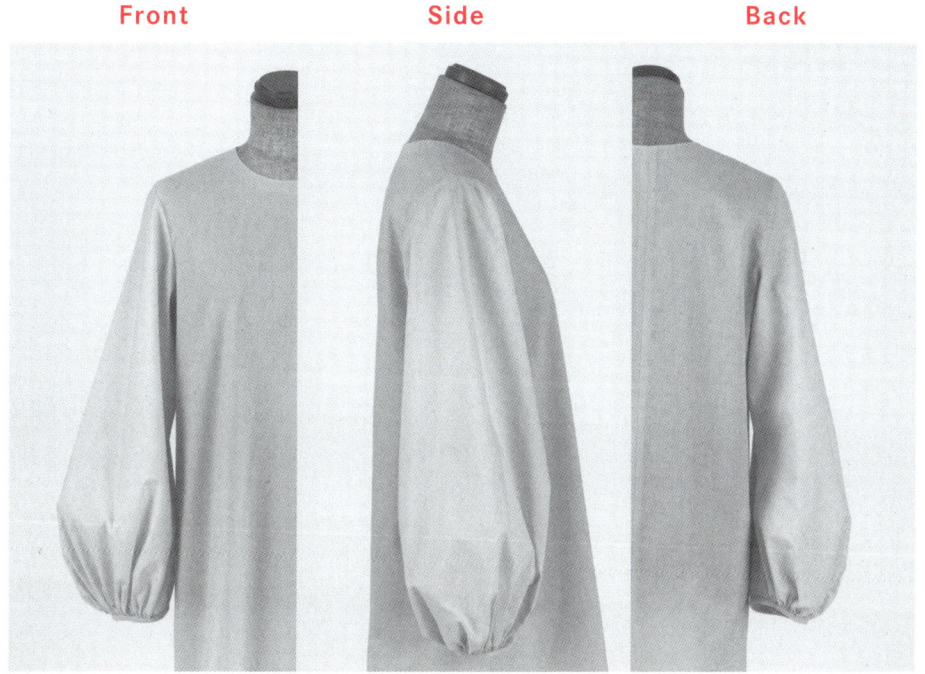

Pattern ※ 시접은 1cm

【C】긴소매 벌룬

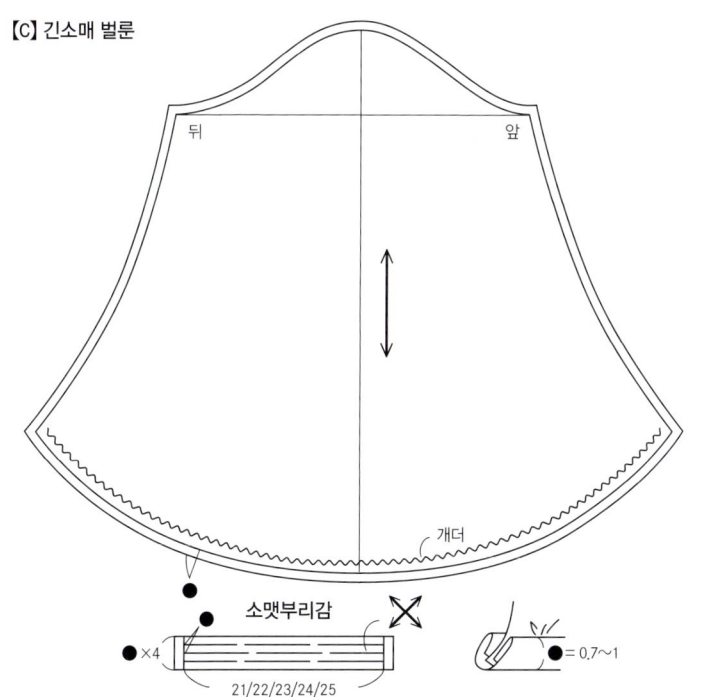

> **one point** 소맷부리
> 벌룬 소매를 더욱 봉긋하게 만들기 위한 포인트

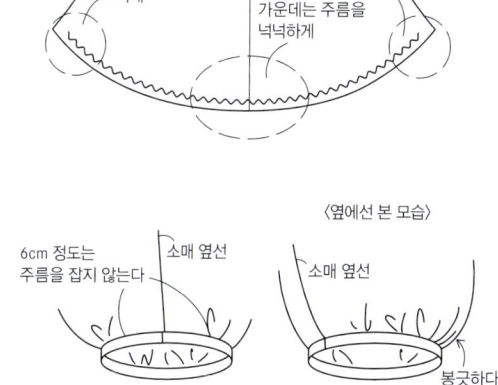

Sewing Pattern Book
Dress

소매의 변형·7부 소매
플레어

소맷부리를 크게 절개해 플레어 소매로 만들었습니다.
움직임이 있는 플레어의 특성을 살리려면 드레이프성이 있는 소재가 좋습니다.

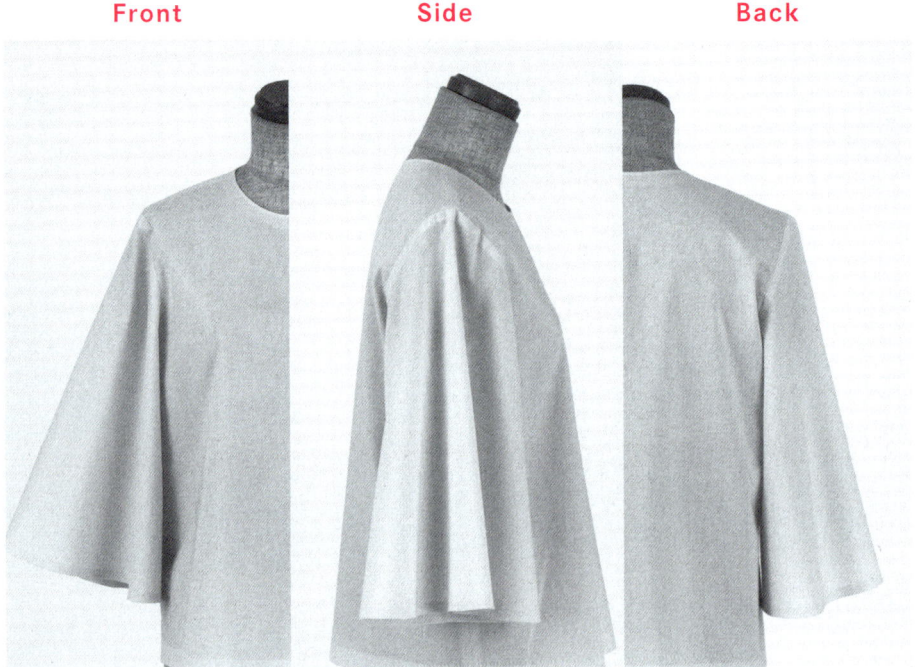

Pattern ※시접은 1cm

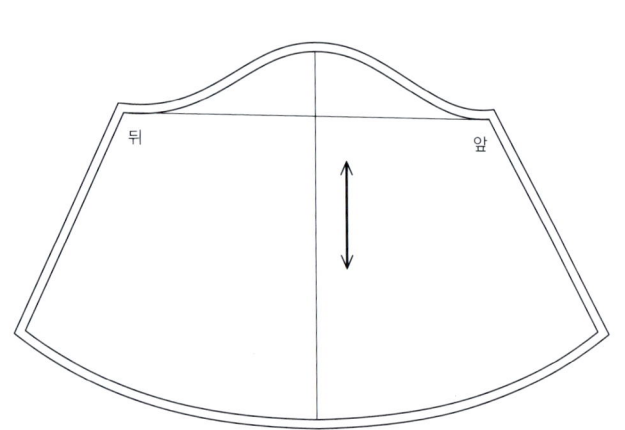

【C】 7부 소매 플레어

one point 소맷부리 시접

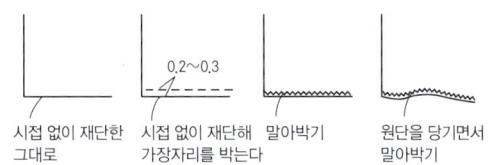

소맷부리는 곡선이므로 시접은 적은 편이 OK

얇은 원단~중간 두께 원단
- 한 번 접어박기
- 두 번 접어박기

두꺼운 원단
- 스티치 있음 — 박는다 / 바이어스 테이프
- 스티치 없음 — 감친다 / 바이어스 테이프

응용: 시접 없는 소맷부리
올이 잘 풀리지 않는 원단이나 특징 있는 원단은 소재 자체를 살리는 방식으로 응용!

- 시접 없이 재단한 그대로
- 시접 없이 재단해 가장자리를 박는다
- 말아박기
- 원단을 당기면서 말아박기

소매의 변형·7부 소매
소맷부리 고무 밴드

플레어 소매(→ P.64)와 패턴은 같고 소맷부리에 고무 밴드를 넣었습니다.
같은 패턴이라도 만드는 법이 다르면 다른 디자인으로 변하는 재미를 느낄 수 있습니다.

Front   Side   Back

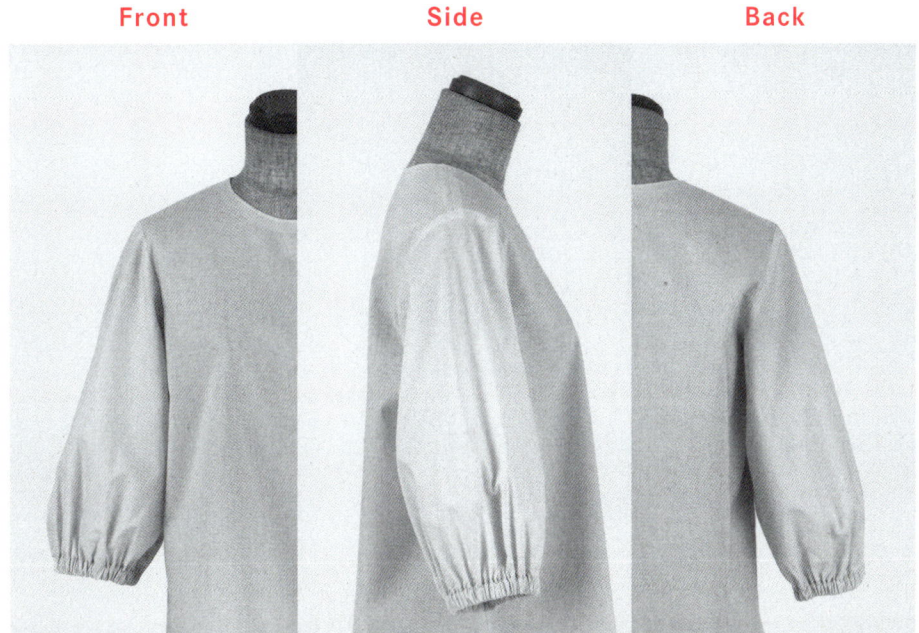

Pattern ※ 소맷부리 이외의 시접은 1cm

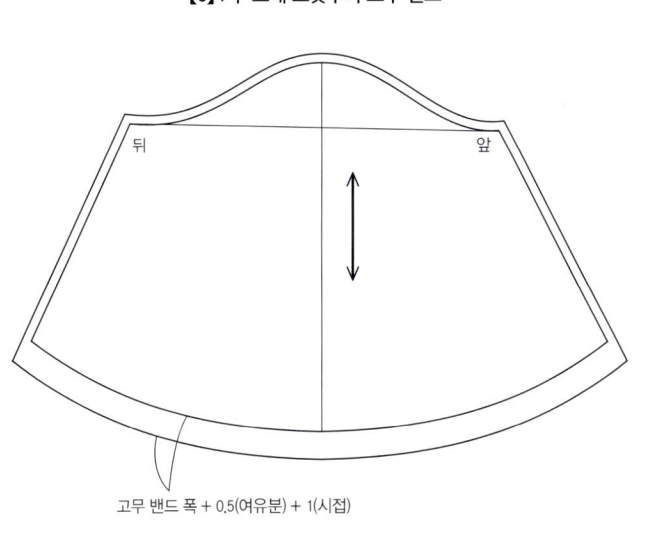

【C】7부 소매 소맷부리 고무 밴드

뒤 / 앞

고무 밴드 폭 + 0.5(여유분) + 1(시접)

one point 소매 만드는 법 ※ 폭 1.5cm 고무 밴드일 때

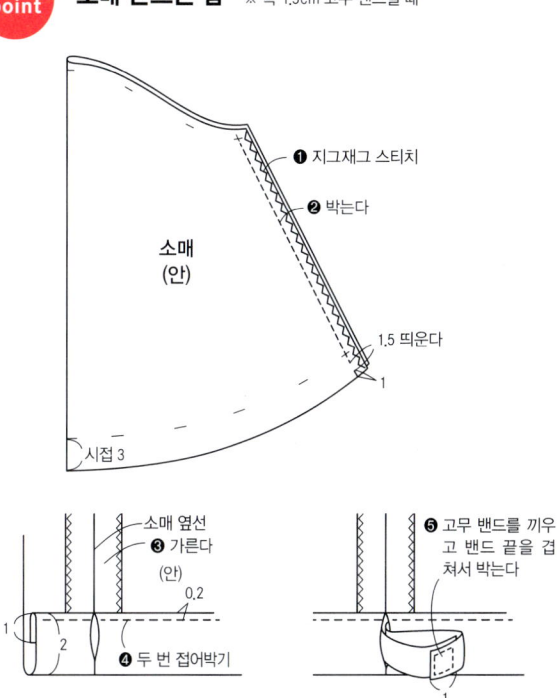

소매 (안)

❶ 지그재그 스티치
❷ 박는다
1.5 띄운다
1
시접 3

소매 옆선
❸ 가른다
(안)
0.2
1
2
❹ 두 번 접어박기

❺ 고무 밴드를 끼우고 밴드 끝을 겹쳐서 박는다
1

Sewing Pattern Book
Dress

소매의 변형 · 5부 소매
소맷부리 커프스

기본 5부 소매(→ P.60)보다 소맷부리를 넓게 하고 안단을 커프스처럼 이용한 디자인.
소맷부리를 안단으로 처리한 뒤 접어 올려서 커프스로 삼았습니다.

Front　　　　　Side　　　　　Back

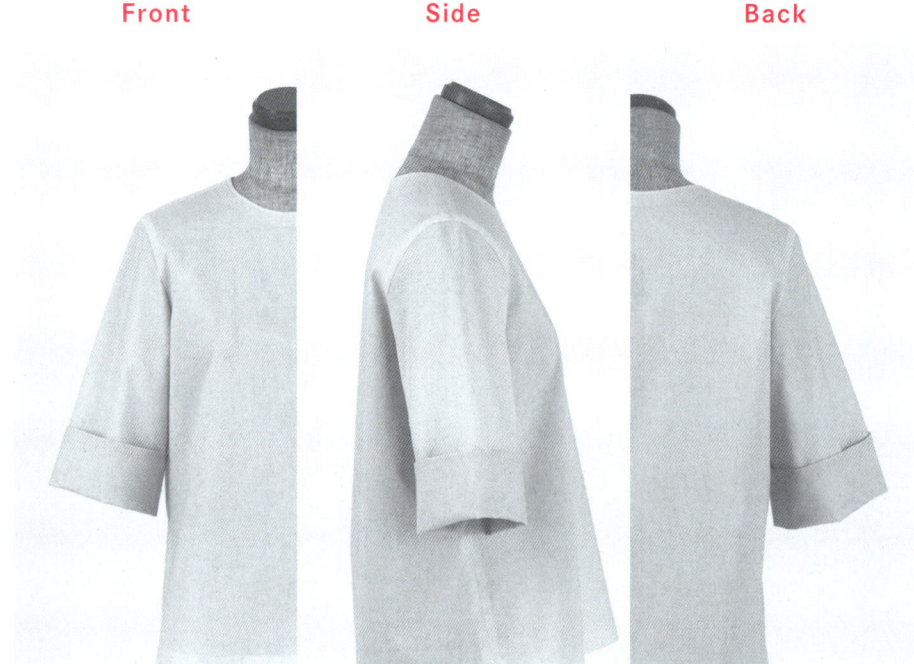

Pattern
※ ○ 안의 숫자는 시접, 정해진 곳 이외의 시접은 1cm
※ ▨는 접착심을 붙인다

【E】 5부 소매 소맷부리 커프스

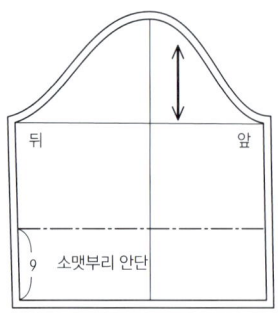

소맷부리 안단
※ 소매에서 만든다

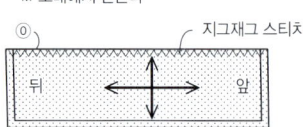

⦿ one point　소맷부리 안단 다는 법

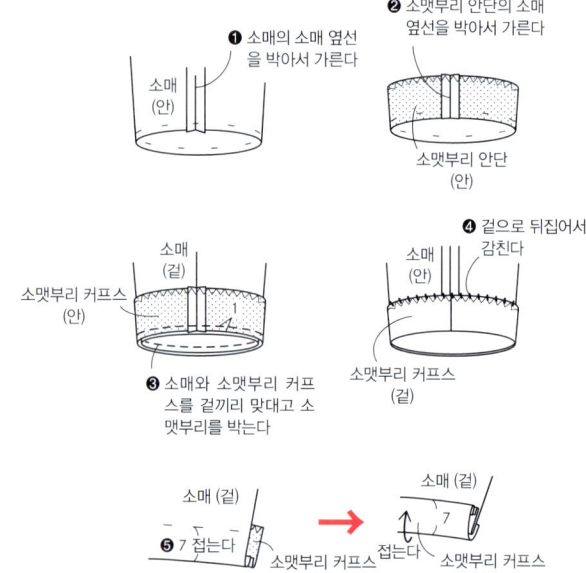

Sewing Pattern Book
Dress
66

소매의 변형·5부 소매
벌룬

벌룬 소매(→ P.63)와 만드는 법이 다릅니다.
바탕이 되는 안 소매에 벌룬 형태를 만드는 겉 소매를 겹치는 방식입니다.

Front   **Side**   **Back**

Pattern
※ 시접은 1cm
※ 소매 만드는 법 → P.97

【B】5부 소매 벌룬

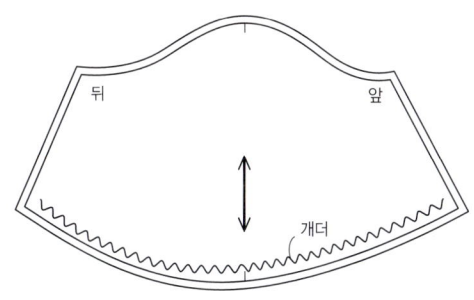

【E】기본 소매 5부 소매

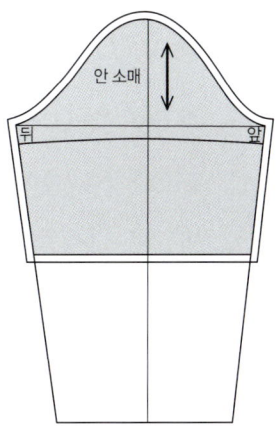

Sewing Pattern Book
Dress

소매의 변형·5부 소매
튤립

꽃잎을 겹친 듯한 디자인의 소매.
소매산 부분에서는 2장을 겹치고 소매 옆선에서 이어서 1장으로 만들었습니다.

Front　　**Side**　　**Back**

Pattern　※ 시접은 1cm

【A】5부 소매 튤립

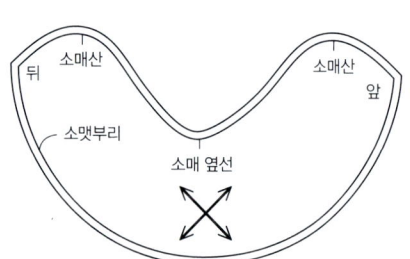

> **one point** 소매 만드는 법

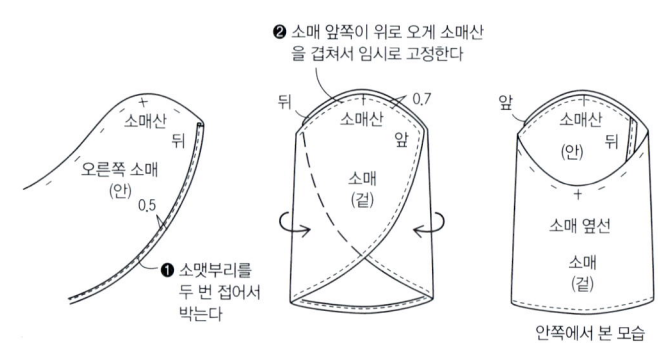

❶ 소맷부리를 두 번 접어서 박는다

❷ 소매 앞쪽이 위로 오게 소매산을 겹쳐서 임시로 고정한다

안쪽에서 본 모습

Sewing Pattern Book
Dress

소매의 변형 · 반소매

소맷부리 개더 / 소매산 · 소맷부리 개더

소맷부리에 개더를 넣은 퍼프소매.
오른쪽은 소매산에도 개더를 넣고 소맷부리 개더 분량을 왼쪽보다 많이 넣었습니다.

5부 소매 · 반소매

Front　　　Side　　　Back　　　　Front　　　Side　　　Back

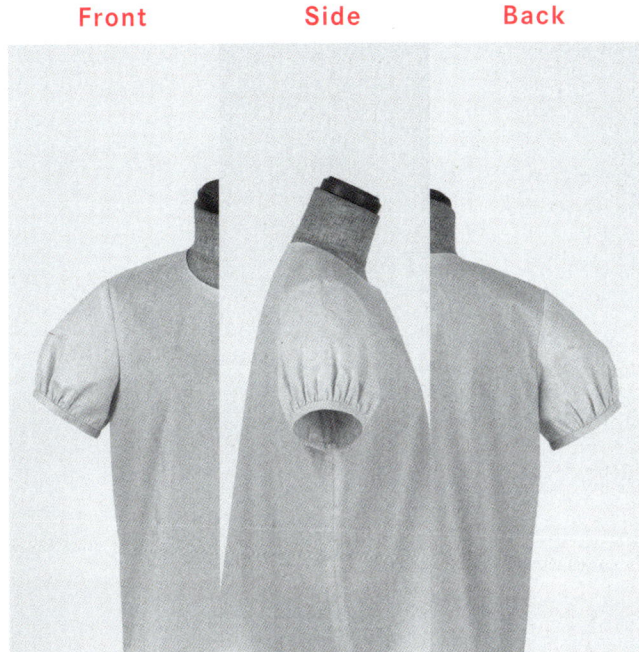
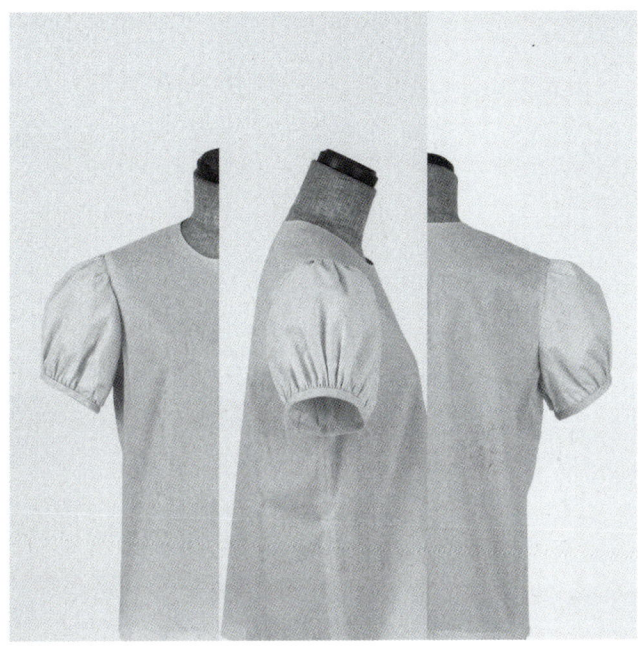

Pattern
※ 시접은 1cm
※ 소맷부리감은 공통

【F】반소매 소맷부리 개더

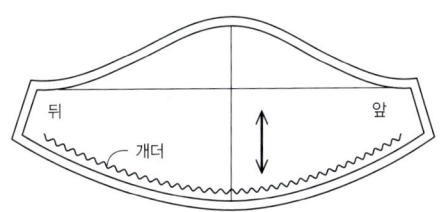

【F】반소매 소매산 · 소맷부리 개더
※ 몸판 진동둘레의 어깨 쪽(위쪽) 맞춤점이 주름 끝 지점의 위치

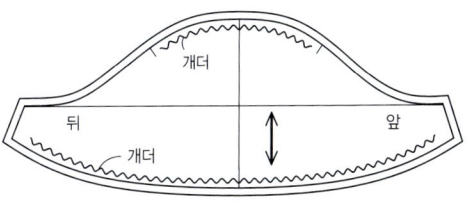

소맷부리감
29/30/31/32/33
※ 왼쪽부터 7 / 9 / 11 / 13 / 15호

골선

Sewing Pattern Book
Dress

소매의 변형·반소매
소맷부리 턱

소맷부리를 절개해 수정하고 가운데 부분에 턱을 넣은 디자인.
도중까지 안에서 박아서 턱을 고정합니다.

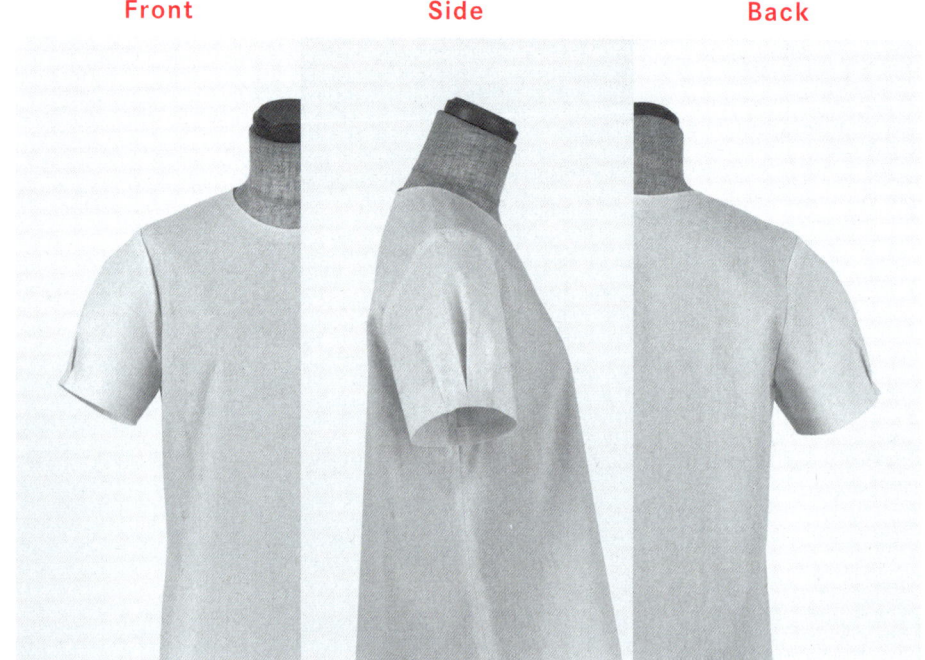

Front　　　Side　　　Back

Pattern ※ ○ 안의 숫자는 시접, 정해진 곳 이외의 시접은 1cm

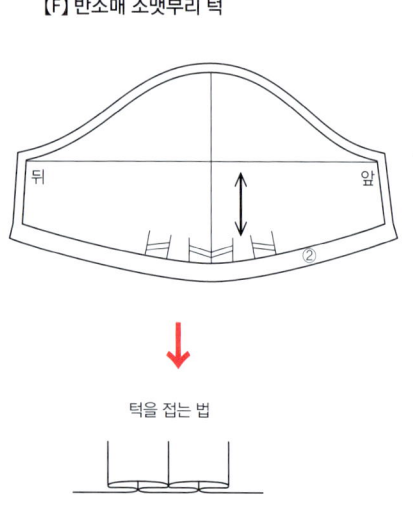

【F】반소매 소맷부리 턱

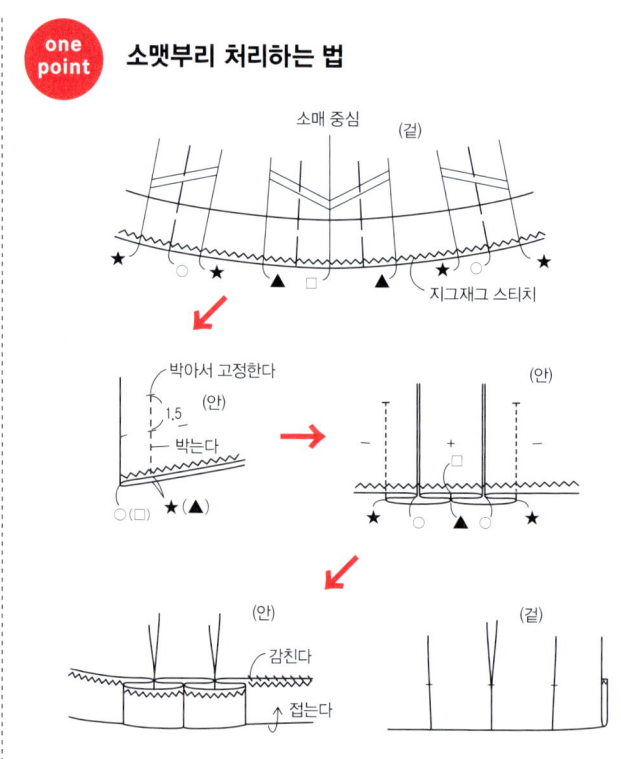

one point 소맷부리 처리하는 법

소매의 변형·반소매

소매산 턱 + 커프스

소매산에 턱을 넣고 소맷부리를 절개해 커프스를 단 디자인.
턱을 개더로 바꾸거나 커프스 폭을 다르게 할 수도 있습니다.

Front　　　　　Side　　　　　Back

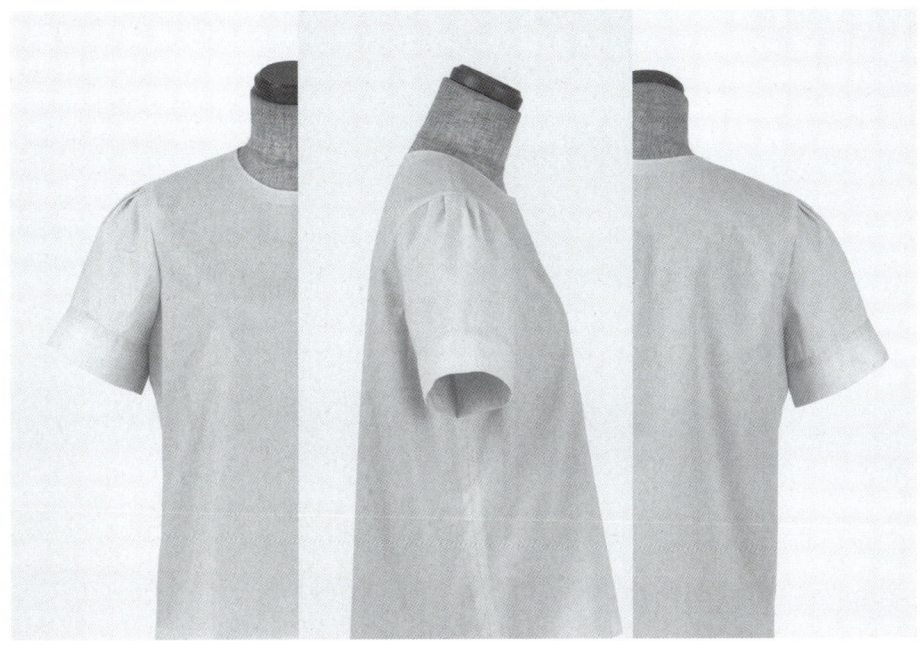

Pattern
※ 시접은 1cm
※ ▨는 접착심을 붙인다

【F】 반소매 소매산 턱 + 커프스

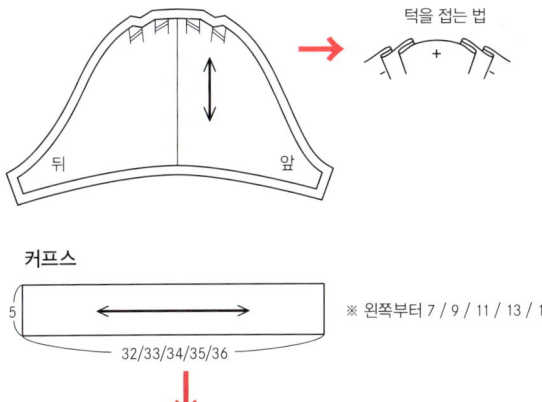

※ 왼쪽부터 7 / 9 / 11 / 13 / 15호

one point 커프스 다는 법

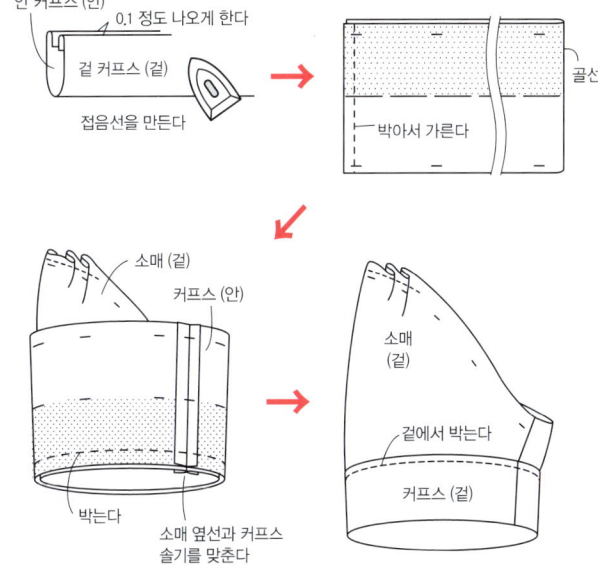

Sewing Pattern Book
Dress

소매의 변형·캡 소매
개더

캡 소매는 반소매보다 짧고 어깨 끝을 조금 덮는 소매를 말합니다.
소매산에 주름을 듬뿍 잡은 귀여운 디자인입니다.

Front **Side** **Back**

Pattern ※ 시접은 1cm

[D] 캡 소매 개더
※ 몸판 진동둘레의 소매 옆선 쪽(아래쪽) 맞춤점이
소매 달기 끝 지점의 위치

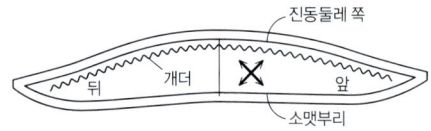

one point 진동둘레를 처리하는 법

안단으로 처리   바이어스감으로 처리

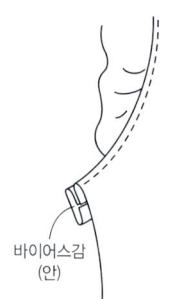

Sewing Pattern Book
Dress

소매의 변형 · 캡 소매
플레어

어깨 끝을 연장한 것처럼 보이는 소매.
올 방향이 바이어스라서 입었을 때 움직임이 편합니다.

Front　　　　　Side　　　　　Back

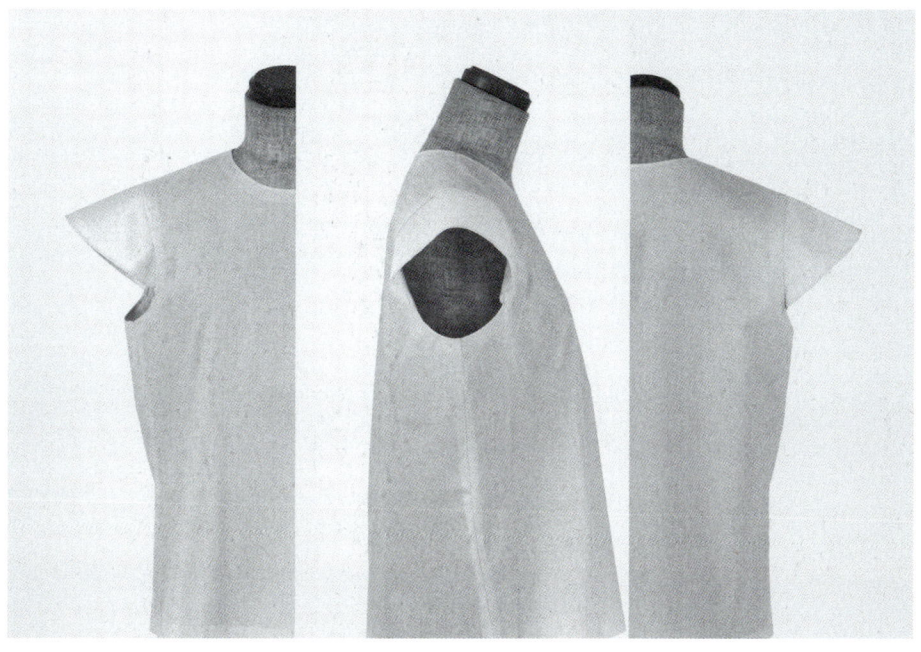

Pattern ※ 시접은 1cm

[D] 캡 소매 플레어

※ 몸판 진동둘레의 소매 옆선 쪽(아래쪽) 맞춤점이
소매 달기 끝 지점의 위치

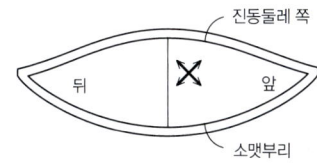

one point 소맷부리를 처리하는 법

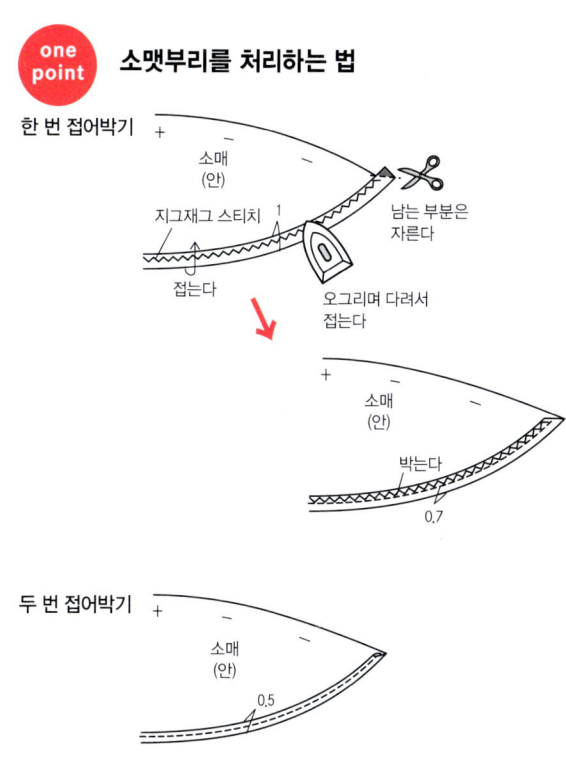

Sewing Pattern Book
Dress

소매의 변형·캡 소매
턱

어깨를 감싸는 듯한 디자인이라서 신경 쓰이는 위 팔뚝을 살짝 감추는 효과가 있습니다.

Front　　　　　Side　　　　　Back

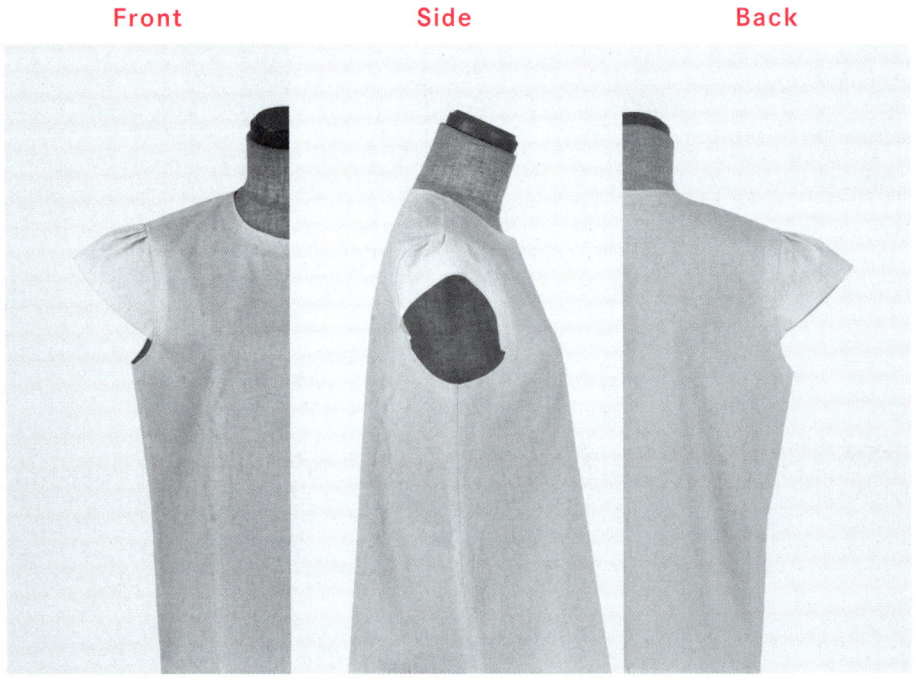

Pattern
※ ○ 안의 숫자는 시접, 정해진 곳 이외의 시접은 1cm
※ 몸판 진동둘레의 소매 옆선 쪽(아래쪽) 맞춤점이 소매 달기 끝 지점의 위치

【D】캡 소매 턱

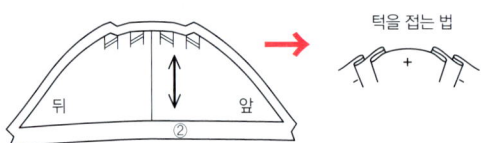

턱을 접는 법

one point 소매 다는 법

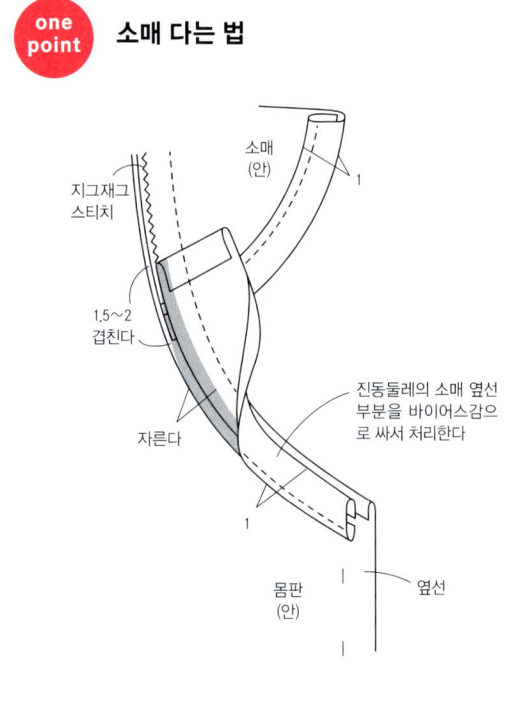

Sewing Pattern Book
Dress

다트

다트는 평면인 원단을 입체적으로 만들기 위해 원단을 접어서 박는 방법입니다.

다트 박는 법

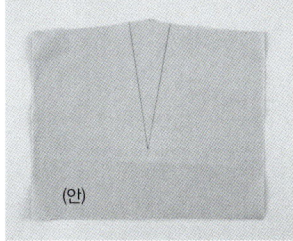
1 원단 안쪽에 다트 위치를 표시합니다.

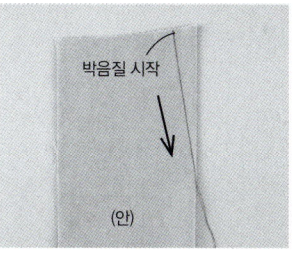
2 원단에 표시한 위치를 겉끼리 맞닿게 접고 가장자리 쪽부터 다트 끝을 향해서 박습니다. 시작할 때는 되돌아박기를 하고 끝낼 때는 되돌아박기를 하지 않고 접음선과 평행으로 2~3땀 박으면서 자연스럽게 사라지도록 합니다. 실은 10cm 정도 남깁니다.

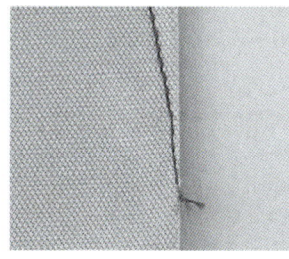
3 실 끝을 묶고 남은 실을 자릅니다.

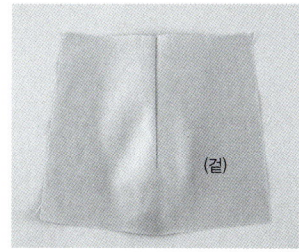
4 다트의 접음선과 솔기를 다려서 다트가 자리 잡게 하고 한쪽으로 넘깁니다. 다트 끝은 자연스럽게 둥그스름해지도록 다립니다.

 나쁜 예

✗ 끝까지 그대로 박는다

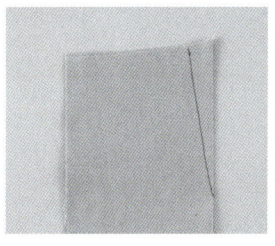

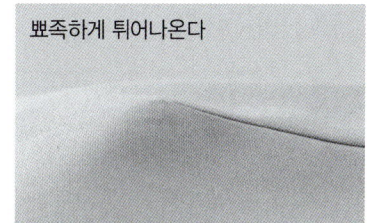
뾰족하게 튀어나온다

각이 진 채로 박음질을 끝내면 다트 끝이 뾰족하게 나옵니다.

✗ 불룩하다

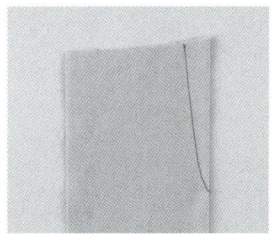
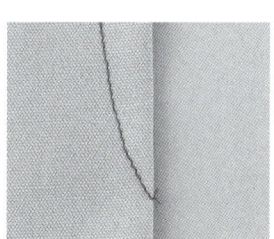

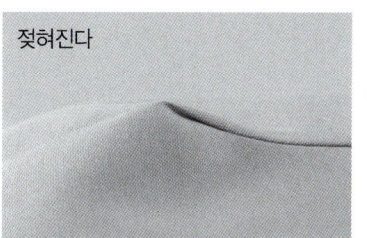
젖혀진다

불룩한 모양으로 박으면 다트 끝이 젖혀져서 움푹 팹니다.

✗ 도중에서 끝난다

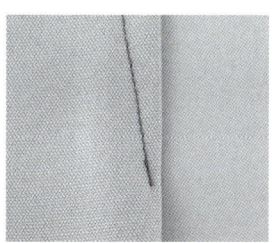

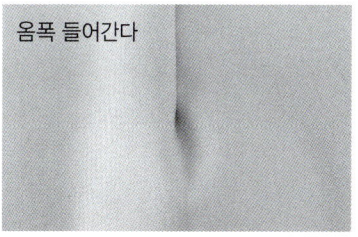
옴폭 들어간다

다트 끝 지점보다 미리 박음질을 끝내면 보조개처럼 옴폭 들어갑니다. 박음질을 끝낼 때 되돌아박기를 하는 것도 NG.

목둘레의 변형
라운드넥(기본 / 넓게)

둥글게 파인 목둘레를 총칭해 라운드넥이라고 합니다.
목을 따라서 곡선으로 파이는 것이 특징인 목둘레이며 깊이를 자유롭게 변경할 수 있습니다.

Pattern ※ 시접은 1cm
※ 안단 → P.83
※ 트임은 적절하게 넣는다

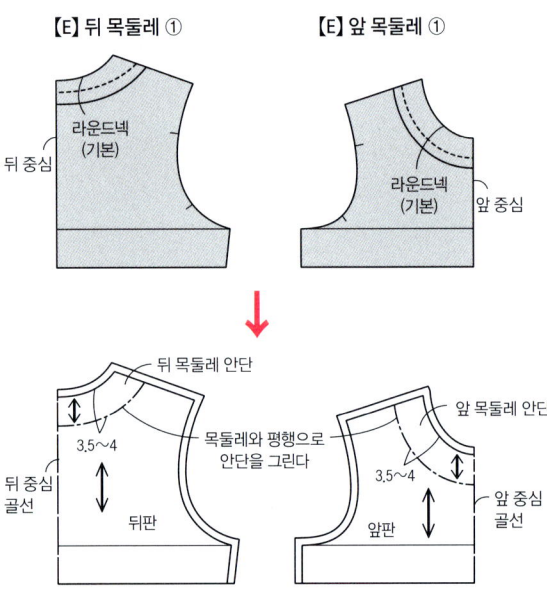
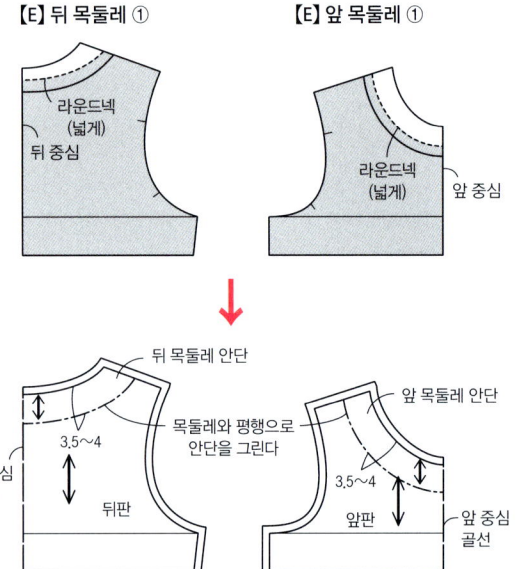

목둘레의 변형
브이넥

앞 목둘레를 V자로 판 디자인.
라운드넥보다 세로 라인이 강조되어서 날카로운 인상을 줍니다.

Pattern
※ ○ 안의 숫자는 시접, 정해진 곳 이외의 시접은 1cm
※ ▨는 접착심을 붙인다

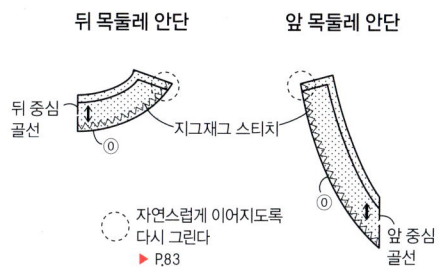

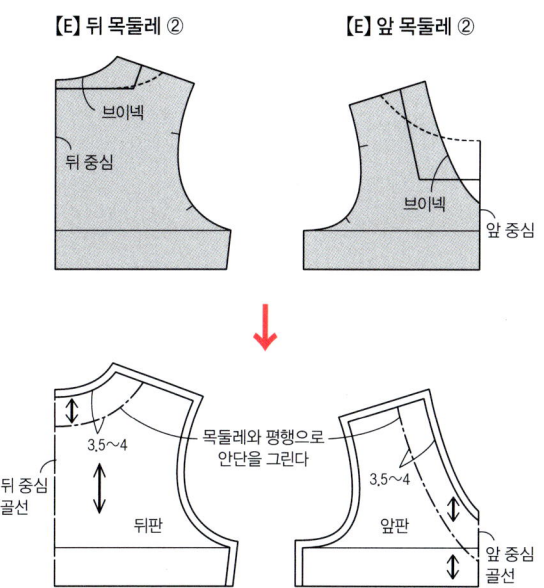

목둘레의 변형
보트넥

옆목점을 크게 좌우로 넓혀서 옆으로 길고 얕게 판 디자인.
겉으로 드러나는 어깨와 가슴 윗부분이 아름답게 보이는 효과가 있습니다.

Pattern
※ ○ 안의 숫자는 시접, 정해진 곳 이외의 시접은 1cm
※ ▨는 접착심을 붙인다

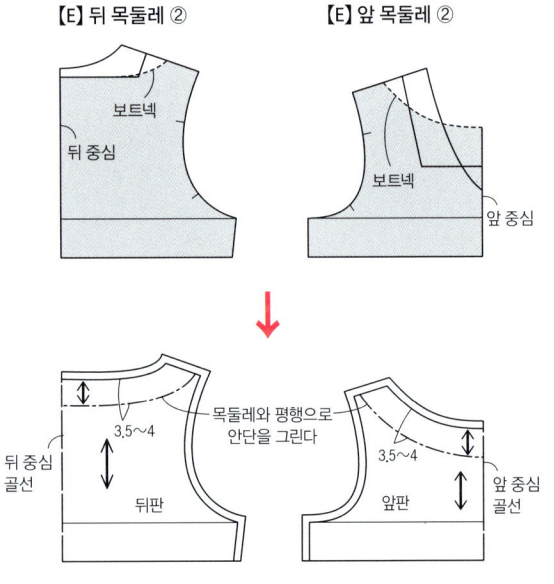

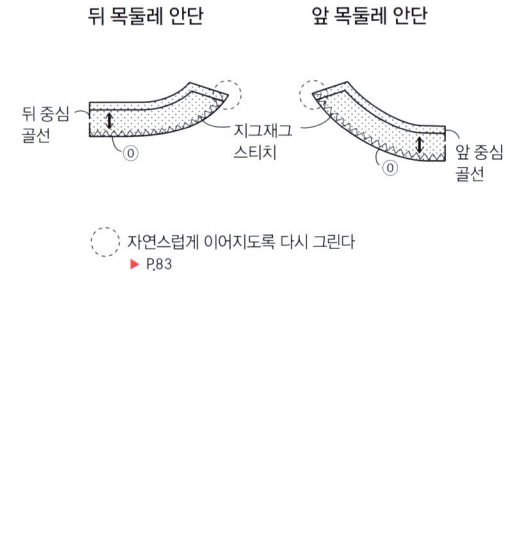

Sewing Pattern Book
Dress

목둘레의 변형
스퀘어넥

네모나게 잘라낸 모양의 네크라인.
직선으로 되어서 날카로운 느낌을 주는 목둘레이며 얼굴선이 갸름하게 보입니다.

Pattern
※ ○ 안의 숫자는 시접, 정해진 곳 이외의 시접은 1cm
※ ▨▨▨는 접착심을 붙인다

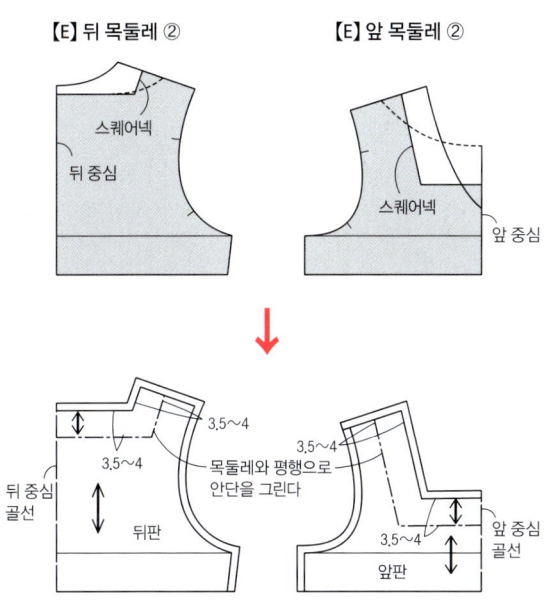

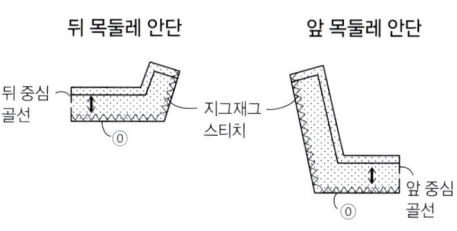

Sewing Pattern Book
Dress

목둘레의 변형
안단 트임

앞 중심에 가위집을 넣고 안단을 다는 방법.
라운드넥(넓게 → P.76)을 예로 들어 설명합니다. 트임의 깊이는 마음대로 정해도 OK.

Pattern
※ ○ 안의 숫자는 시접, 정해진 곳 이외의 시접은 1cm
※ ▨는 접착심을 붙인다
※ 뒤판·뒤 목둘레 안단은 라운드넥(넓게 → P.76)과 공통

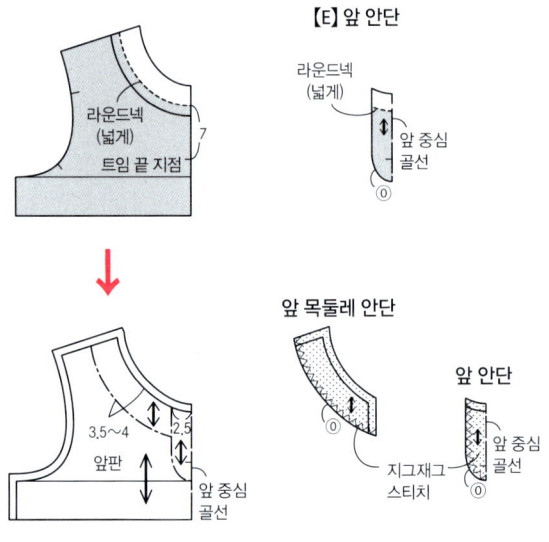

one point 안단과 트임 만드는 법

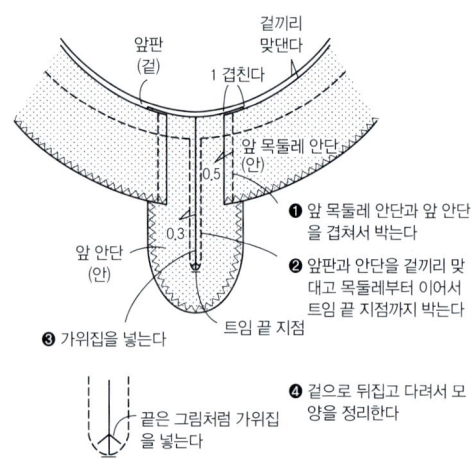

❶ 앞 목둘레 안단과 앞 안단을 겹쳐서 박는다
❷ 앞판과 안단을 겉끼리 맞대고 목둘레부터 이어서 트임 끝 지점까지 박는다
❸ 가위집을 넣는다
❹ 겉으로 뒤집고 다려서 모양을 정리한다

끝은 그림처럼 가위집을 넣는다

Sewing Pattern Book
Dress

목둘레의 변형
파이핑 + 리본

라운드넥(기본 → P.76) 목둘레를 예로 들어서 파이핑 처리하고 그것을 리본으로 만든 디자인.
앞 중심의 이음매를 이용해 트임으로 삼았습니다.

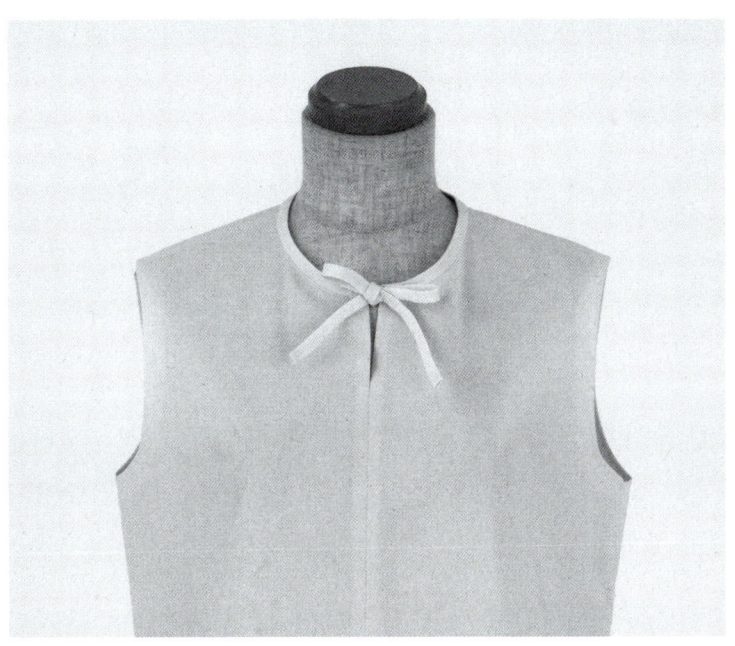

Pattern
※ ○ 안의 숫자는 시접, 정해진 곳 이외의 시접은 1cm

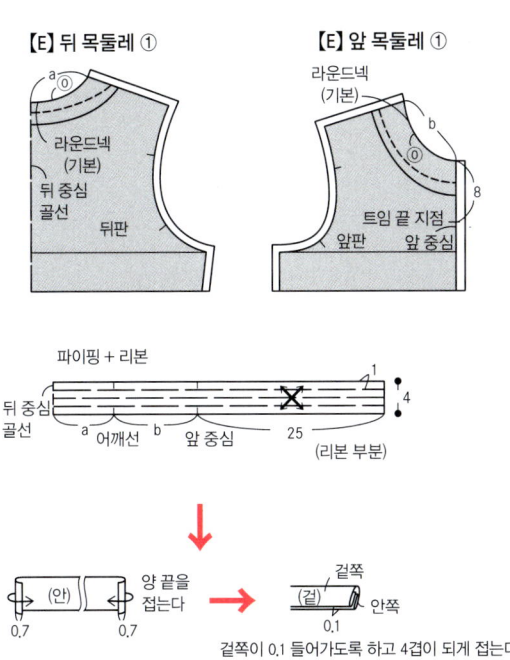

one point 앞트임과 목둘레 처리하는 법

Sewing Pattern Book
Dress

목둘레의 변형
덧단 트임

라운드넥(기본 → P.76) 목둘레를 예로 들어서 앞 중심에 가위집을 넣고 덧단 트임을 만들었습니다.
트임의 깊이는 마음대로 정해도 OK.

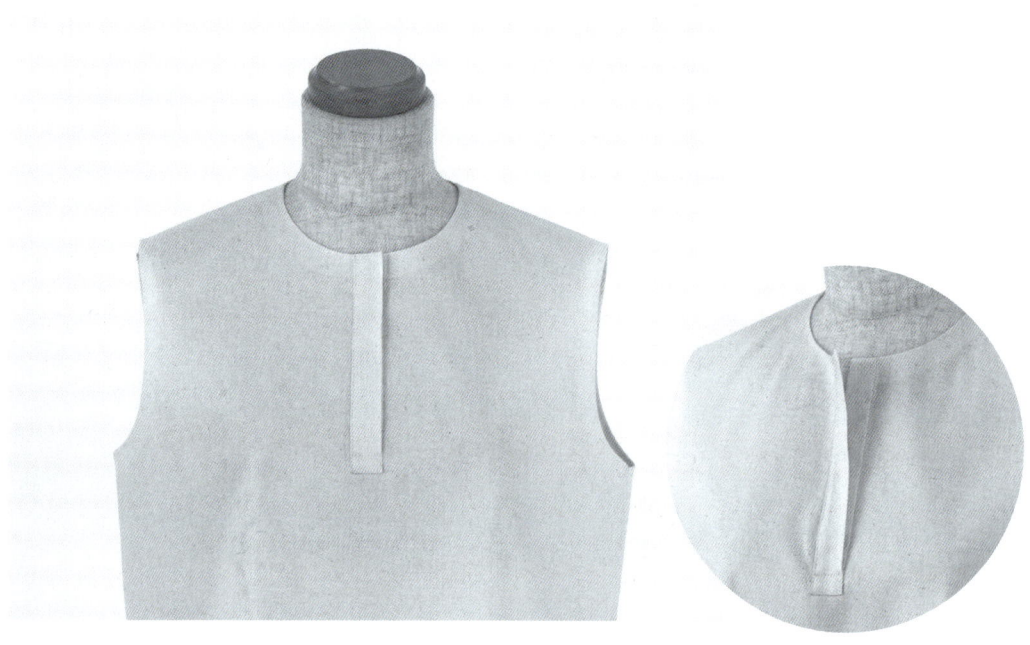

Pattern
※ ○ 안의 숫자는 시접, 정해진 곳 이외의 시접은 1cm
※ ▩는 접착심을 붙인다
※ 덧단 만드는 법 → P.98·99

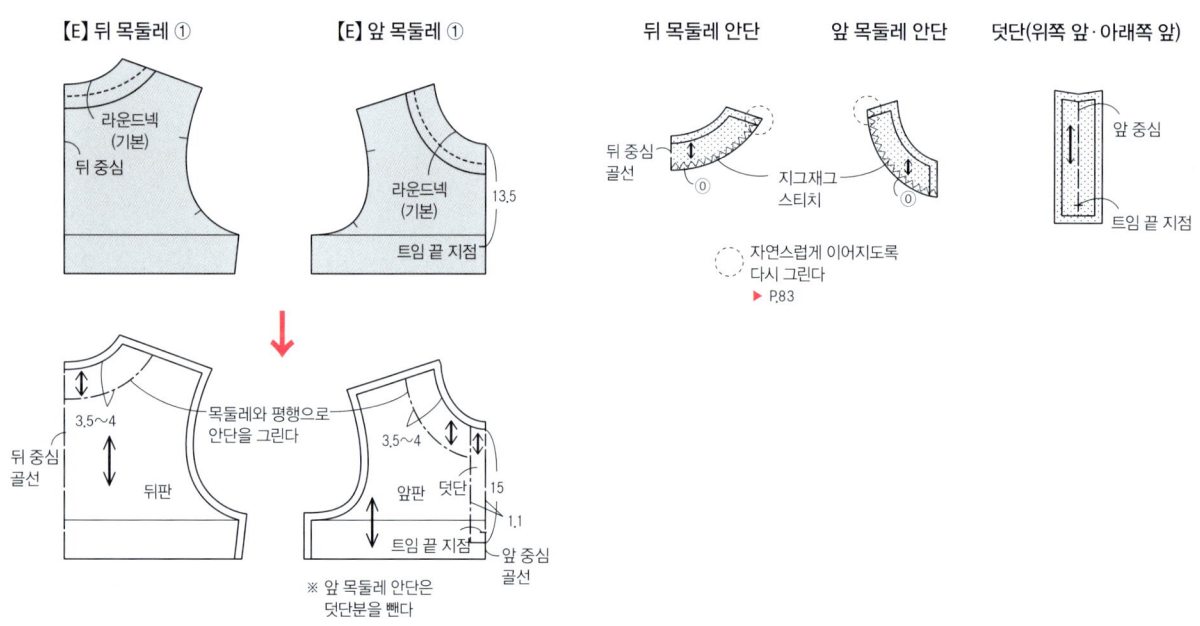

Sewing Pattern Book
Dress

안단과 바이어스 테이프

가장자리는 안단이나 바이어스감으로 처리하는 법, 칼라나 커프스에 끼워서 박는 법 등 여러 방법으로 처리할 수 있습니다.
여기에서는 안단을 만드는 법과 바이어스감을 사용해 처리하는 법을 소개합니다.

안단

안단으로 가장자리를 처리하면 모양이 잘 유지되므로 곡선이 많은 목둘레나 진동둘레 처리에 주로 이용합니다.
안단은 접착심을 붙여서 보강하는 것이 좋습니다.

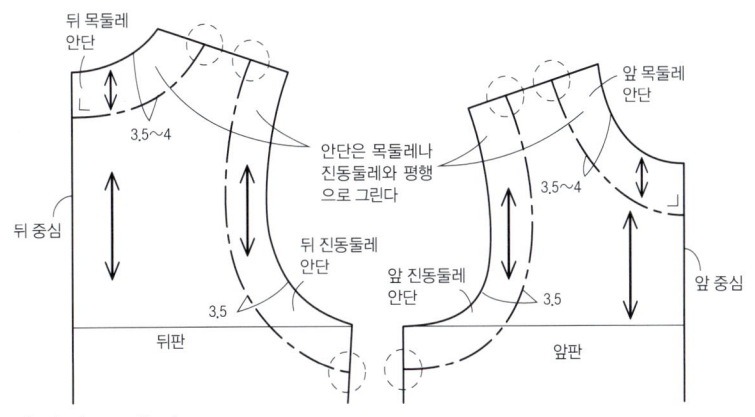 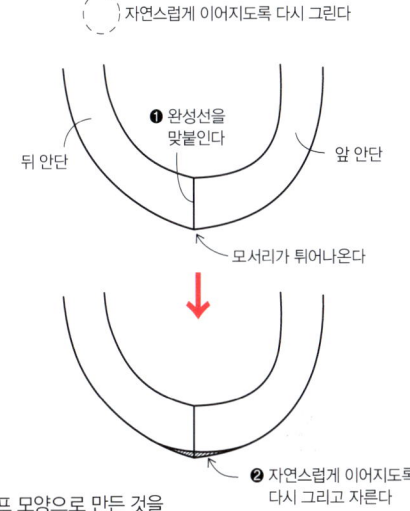

바이어스 테이프

바이어스감은 원단을 올 방향에 대해 45도 각도로 가늘고 길게 자른 것으로, 양 가장자리를 접어서 테이프 모양으로 만든 것을 바이어스 테이프라고 합니다. 가장자리를 싸서 처리하거나 절개선 부분에 파이핑할 때 등 다양하게 쓰입니다.

● 바이어스 처리

 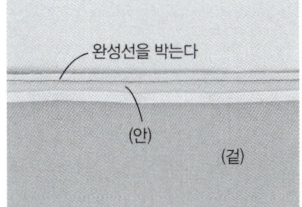 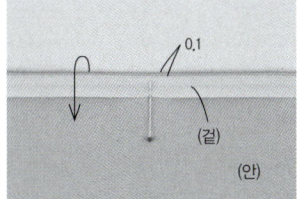 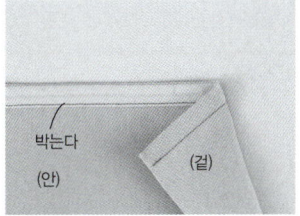

양 가장자리를 안쪽으로 접어 넣은 '양쪽을 접은 타입' 바이어스 테이프를 사용합니다. 원단 가장자리를 가리면서 안쪽으로 넘겨 박으므로 겉에서 바이어스 테이프가 보이지 않습니다.

1 원단의 완성선에 바이어스 테이프의 접음선을 맞춘 다음 완성선을 박습니다.

2 바이어스 테이프로 가장자리를 싸고 겉으로 뒤집어서 완성선보다 0.1cm 정도 더 들어가게 합니다.

3 바이어스 테이프의 접음선 바로 옆을 박습니다.

● 파이핑 처리

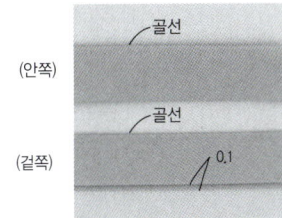 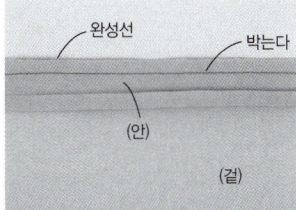 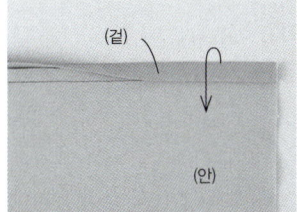 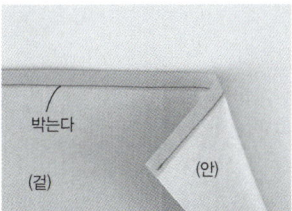

양쪽을 접은 타입을 한 번 더 반으로 접은 '파이핑 타입' 바이어스 테이프를 사용합니다. 겉쪽이 0.1cm 들어가 있습니다. 원단 가장자리를 바이어스 테이프로 싸서 박으므로 겉과 안에서 바이어스 테이프가 보입니다.

1 원단과 바이어스 테이프(폭이 좁은 쪽)의 가장자리를 가지런히 맞춰서 겉끼리 맞대고, 가장 바깥쪽에 있는 접음선 위를 박습니다.

2 바이어스 테이프를 세워서 위쪽으로 넘기고, 원단을 안으로 뒤집어서 바이어스 테이프로 원단 가장자리를 쌉니다.

3 원단을 겉으로 뒤집고 겉쪽에서 바이어스 테이프의 접음선 바로 옆을 박거나 숨겨박기합니다. 안쪽에 오는 바이어스 테이프의 폭이 넓으므로 재봉틀 땀이 테이프에서 벗어나지 않게 박을 수 있습니다.

칼라의 변형
셔츠칼라

목둘레에서 칼라 허리(칼라의 높이)가 서 있는 셔츠칼라.
라운드넥(기본 → P.76) 목둘레에 달았습니다.

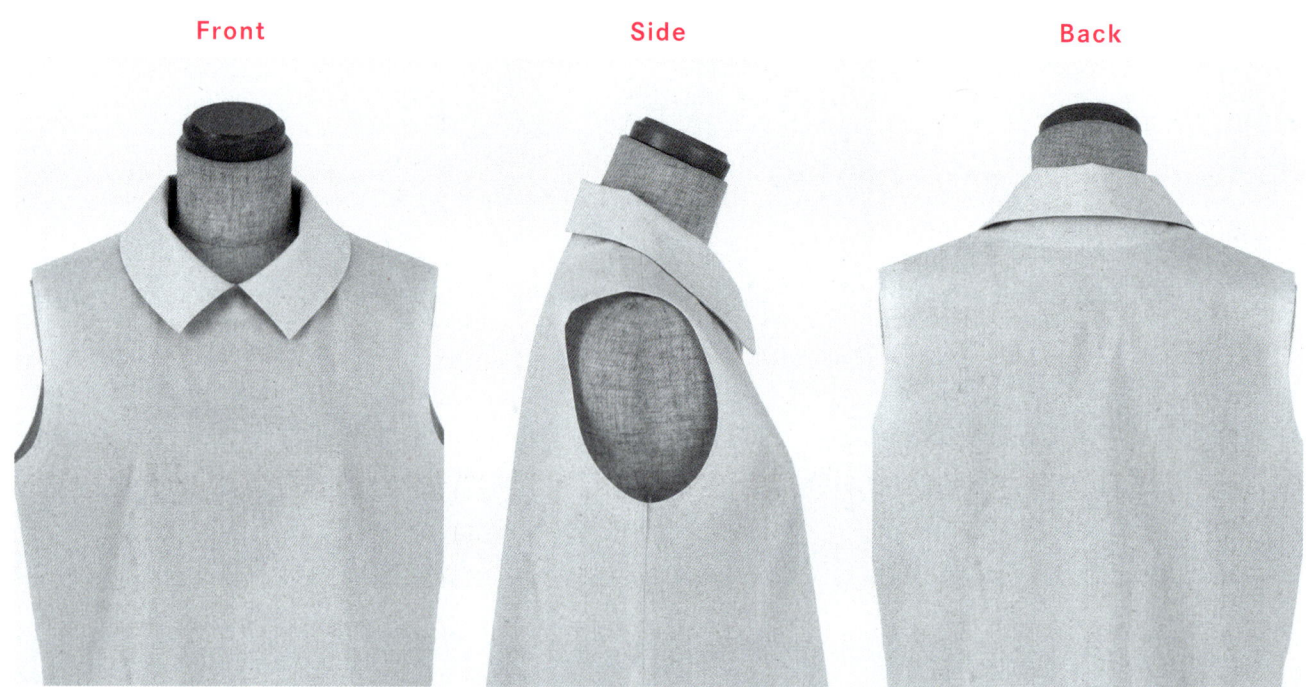

Pattern

※ 시접은 1cm
※ ░░░는 접착심을 붙인다
※ 트임은 적절하게 넣는다

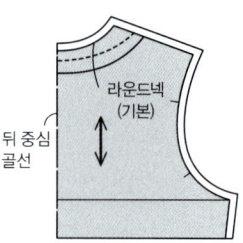
【E】뒤 목둘레 ①
라운드넥 (기본)
뒤 중심 골선

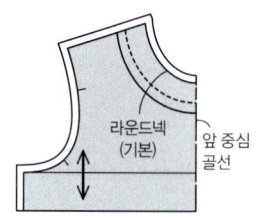
【E】앞 목둘레 ①
라운드넥 (기본)
앞 중심 골선

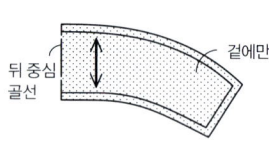
【C】셔츠칼라
뒤 중심 골선
겉에만

칼라의 변형
플랫칼라

플랫칼라는 칼라 허리(칼라의 높이)가 없는 납작한 칼라를 말합니다.
보트넥(→ P.78) 목둘레에 달았습니다.

Front　　　　　　　Side　　　　　　　Back

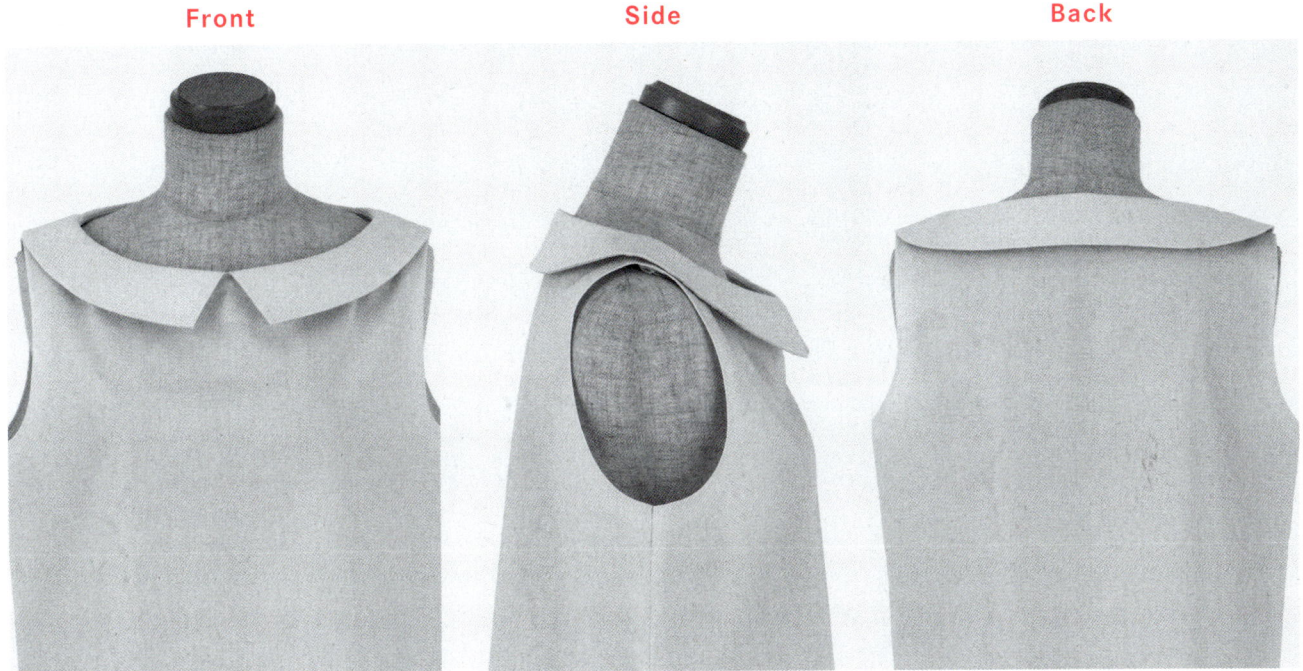

Pattern
※ 시접은 1cm
※ ▨는 접착심을 붙인다

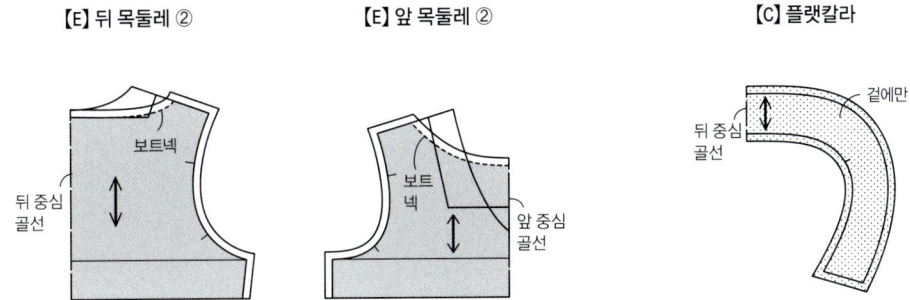

【E】뒤 목둘레 ②　　【E】앞 목둘레 ②　　【C】플랫칼라

칼라의 변형
롤칼라

롤칼라는 목 주위에서 둥글게 말듯이 접은 칼라를 말합니다.
원단의 올 방향을 바이어스로 재단하면 접음선에 각이 지지 않고 부드럽게 잘 접힙니다.

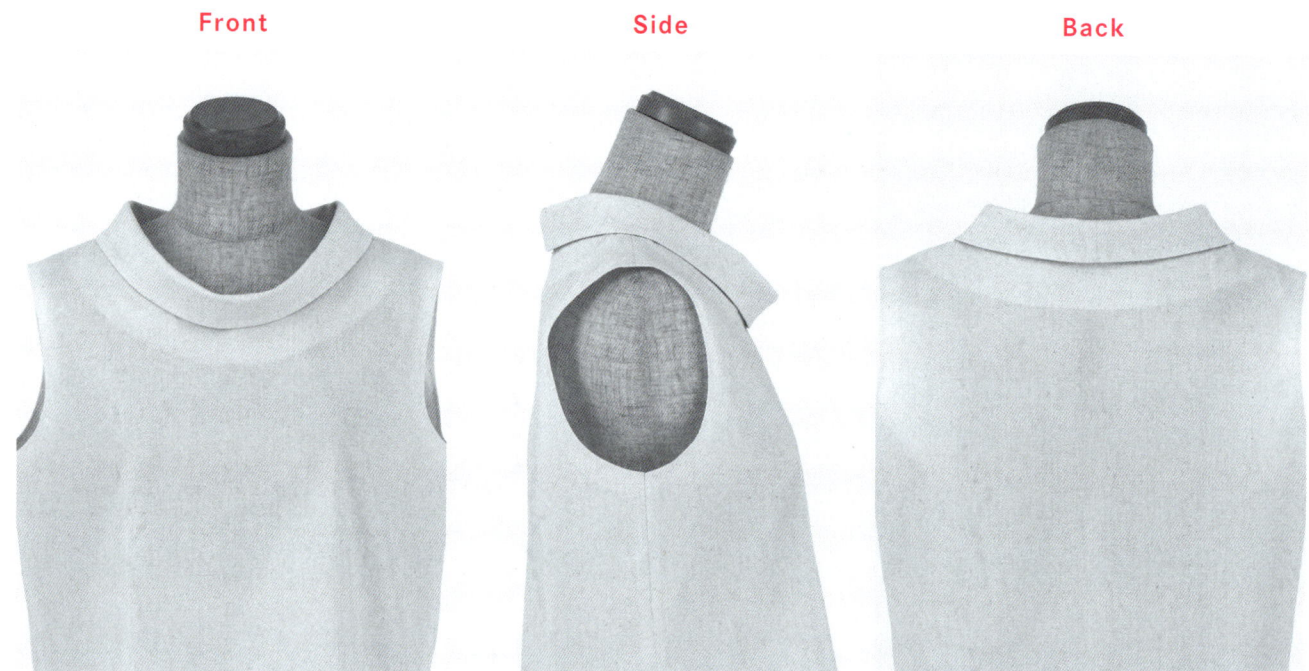

Pattern ※ 정해진 곳 이외의 시접은 1cm

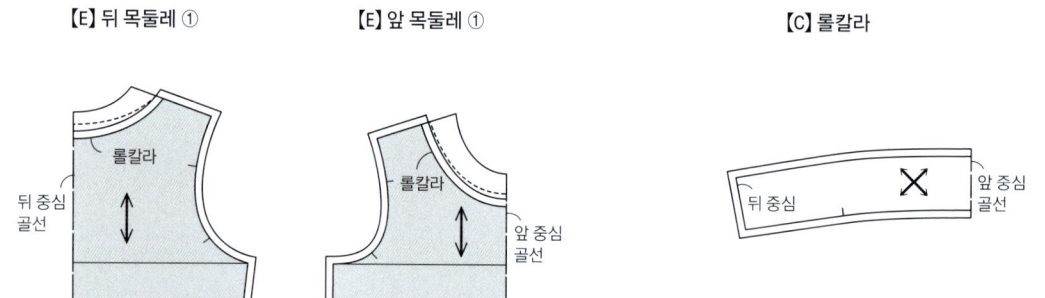

단추와 단춧구멍

단추는 기능성과 디자인 포인트가 되기도 하는 장식적인 면을 겸비합니다.

● 단춧구멍 크기

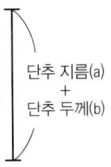

단추 지름(a) + 단추 두께(b)

● 단추

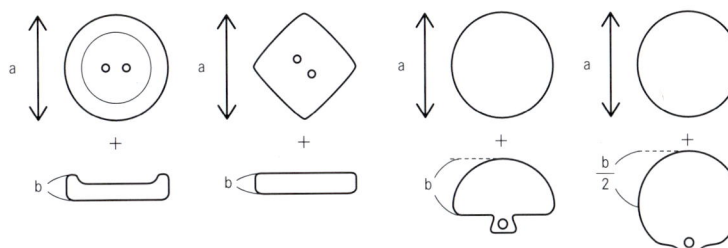

● 단춧구멍과 단추 다는 위치

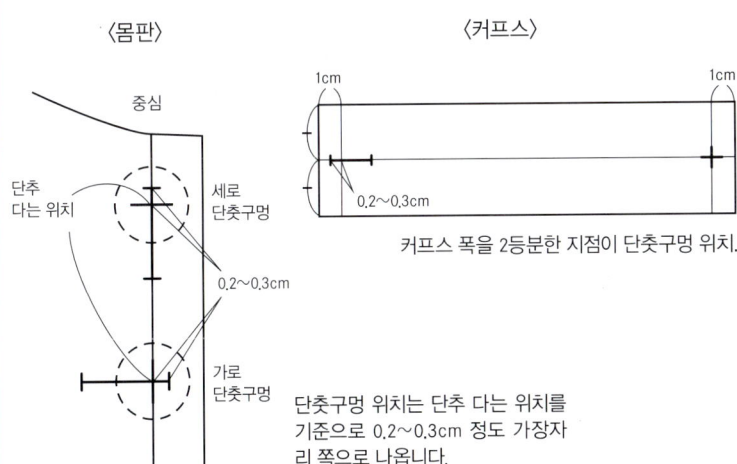

커프스 폭을 2등분한 지점이 단춧구멍 위치.

단춧구멍 위치는 단추 다는 위치를 기준으로 0.2~0.3cm 정도 가장자리 쪽으로 나옵니다.

one point 접착심 붙이기

단춧구멍 만들 부분의 안쪽에는 접착심을 붙여서 보강합니다. 접착심을 붙이지 않고 단춧구멍을 내면 원단에 주름이 지는 등 깔끔하지 않습니다.

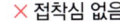 × 접착심 없음　　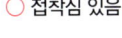 ○ 접착심 있음

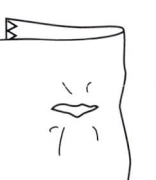 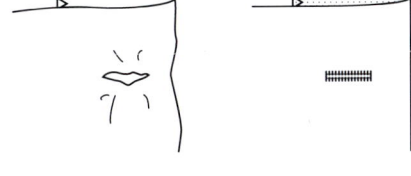

● 단춧구멍 만드는 법

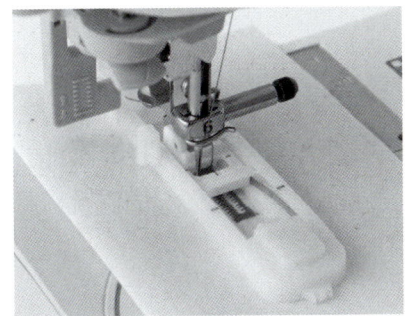

1 재봉틀 설정을 버튼홀 스티치로 바꾸고, 단춧구멍을 만들고 싶은 위치의 끝부터 박기 시작합니다.

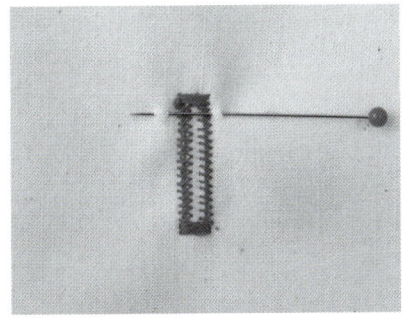

2 단춧구멍을 다 박은 후, 너무 많이 자르지 않도록 한쪽 끝에 시침핀을 꽂아서 스토퍼를 대신합니다.

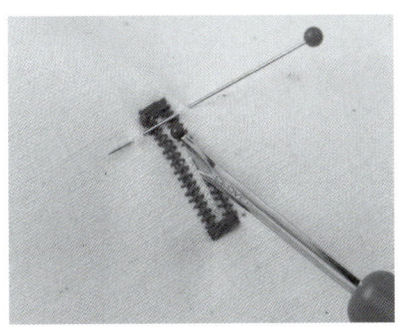

3 가운데 부분에 실뜯개를 꽂고, 단춧구멍을 박은 실을 자르지 않도록 조심하면서 원단에 가위집을 냅니다. 반대쪽도 같은 방법으로 구멍을 냅니다.

지퍼

지퍼는 번거로워 보여서 꺼리는 경향이 있지만, 순서를 따라서 달면 어렵지 않습니다.
여기에서는 원피스에 주로 사용하는 콘실 지퍼 다는 법을 자세히 설명합니다.

● **부분 명칭** 콘실 지퍼를 달기 전에 일반적인 지퍼의 각 부분 명칭을 소개합니다.

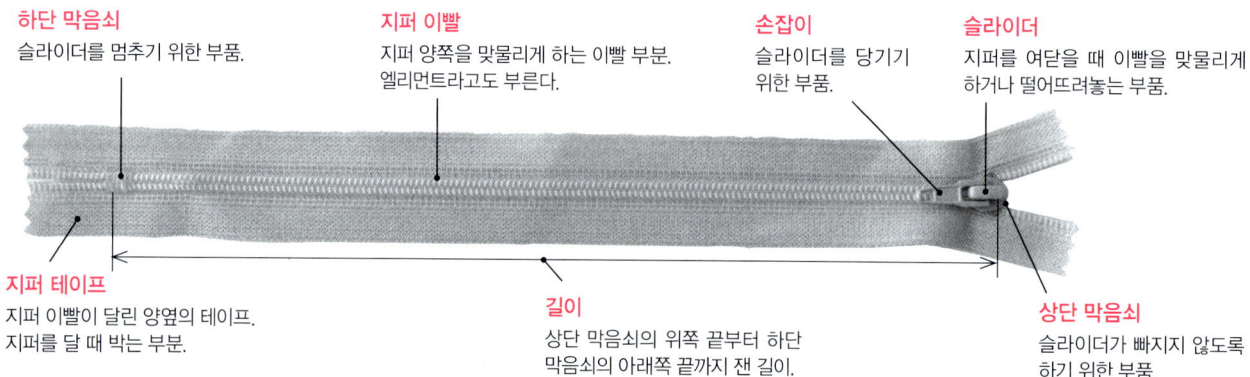

하단 막음쇠 슬라이더를 멈추기 위한 부품.

지퍼 이빨 지퍼 양쪽을 맞물리게 하는 이빨 부분. 엘리먼트라고도 부른다.

손잡이 슬라이더를 당기기 위한 부품.

슬라이더 지퍼를 여닫을 때 이빨을 맞물리게 하거나 떨어뜨려놓는 부품.

지퍼 테이프 지퍼 이빨이 달린 양옆의 테이프. 지퍼를 달 때 박는 부분.

길이 상단 막음쇠의 위쪽 끝부터 하단 막음쇠의 아래쪽 끝까지 잰 길이.

상단 막음쇠 슬라이더가 빠지지 않도록 하기 위한 부품.

● **콘실 지퍼 다는 법**

콘실 지퍼는 이음매를 이용해 다는 지퍼로 이빨이 겉에서 보이지 않습니다.
디자인에 지장을 주지 않으므로 원피스에 주로 쓰입니다.

※ 트임 끝 지점 = ★

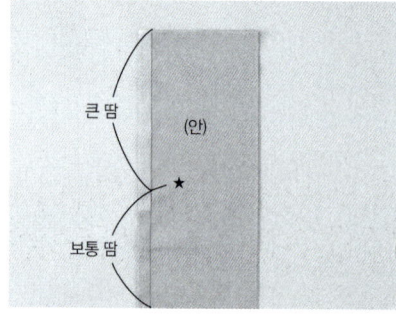

1 시접에 늘어남 방지 테이프를 붙입니다. 위치는 트임 끝 지점보다 1.5~2cm 아래까지입니다.

2 원단을 겉끼리 맞대고, ★보다 위쪽은 큰 땀, ★보다 아래쪽은 보통 땀(되돌아박기를 한다)으로 박습니다.

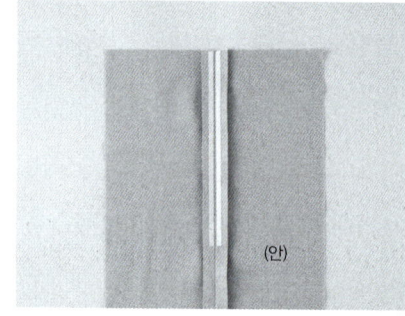

3 시접을 다려서 가르고 수용성 양면접착테이프를 붙입니다. ※ 수용성 양면접착테이프가 없으면 다음 과정인 4에서 시접에 시침질하여 고정합니다.

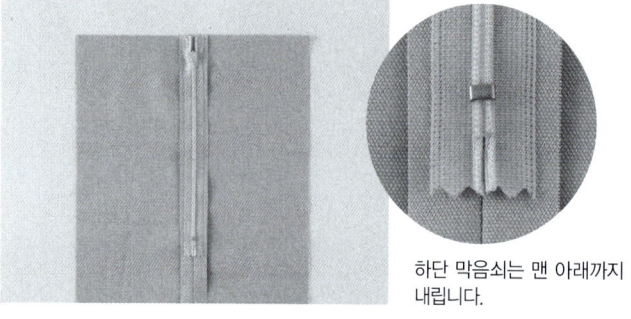

하단 막음쇠는 맨 아래까지 내립니다.

4 지퍼 상단 막음쇠의 위쪽 끝을 완성선보다 0.5cm 아래로 내리고, 지퍼 중심과 원단 솔기를 맞춰서 붙입니다.

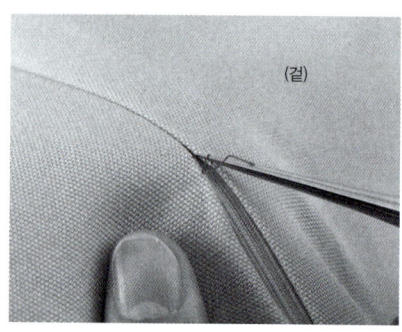

5 큰 땀으로 박은 실(위쪽 끝~★)을 풉니다.

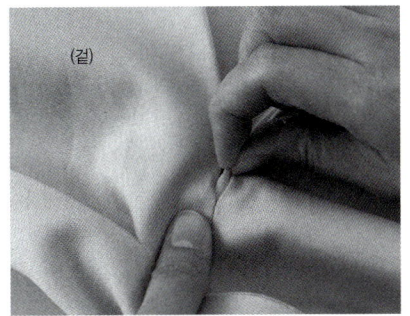 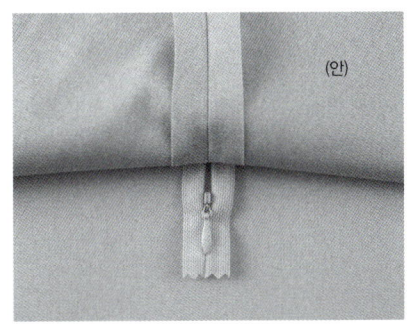 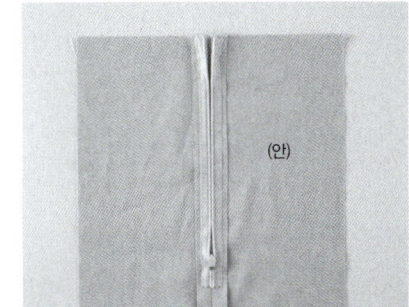

6 손잡이를 트임 끝 지점의 솔기 틈새에서 안쪽으로 꺼내고 슬라이더를 하단 막음쇠까지 내립니다.

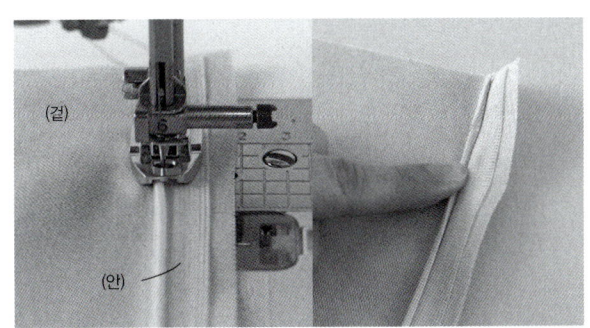 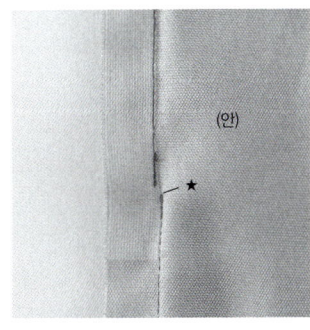 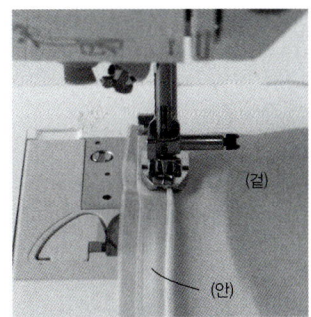

7 재봉틀 노루발을 콘실 지퍼 노루발로 바꿉니다. 원단을 겉으로 뒤집어서 시접을 벌리고, 지퍼 이빨을 노루발의 왼쪽 홈에 끼운 다음 박습니다. 콘실 지퍼 노루발을 사용하면 지퍼 이빨을 일으키면서 바로 옆을 박을 수 있습니다.

8 박음질은 ★의 1땀 전에서 멈추도록 합니다.

9 반대쪽 시접을 벌리고, 지퍼 이빨을 노루발의 오른쪽 홈에 끼운 다음 ★의 1땀 전까지 박습니다.

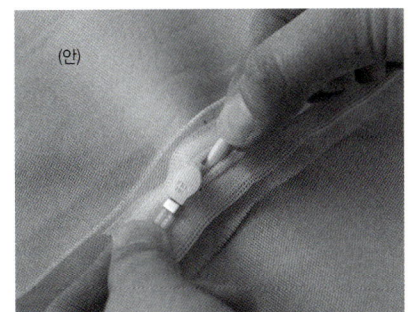 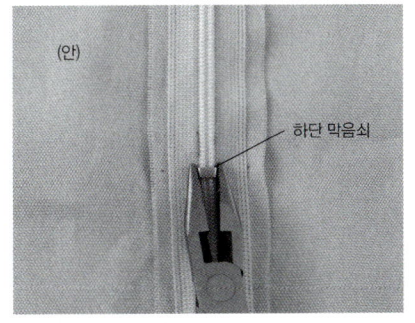 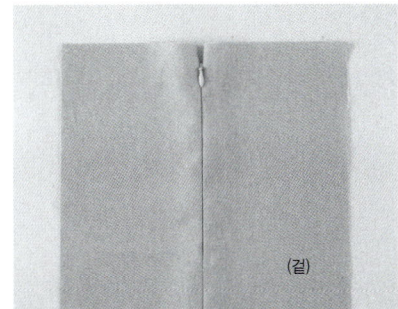

10 슬라이더를 위로 끌어당깁니다.

11 하단 막음쇠를 트임 끝 지점까지 옮기고 펜치로 단단히 눌러서 고정합니다.

12 콘실 지퍼를 달았습니다.

안감

디자인이나 소재에 따라 안감은 크게 나눠서 세 가지 방법으로 달 수 있습니다.
① 몸판과 소매(안쪽 전체)에 단다 ② 몸판에만 단다 ③ 스커트에만 단다(위아래가 절개된 디자인).
안감은 겉감과 같은 모양으로 만들되 밑단이나 소맷부리를 줄입니다.

● **몸판과 소매(안쪽 전체)**

안감은 겉감보다 몸판 밑단을 3cm, 소맷부리를 2cm 줄입니다. 목둘레에 안단을 달 때는 안단분을 뺍니다.

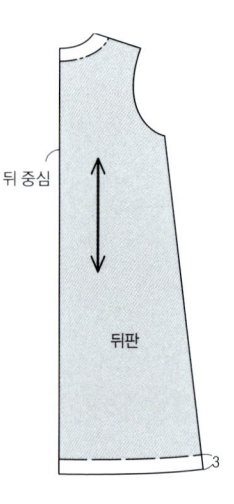
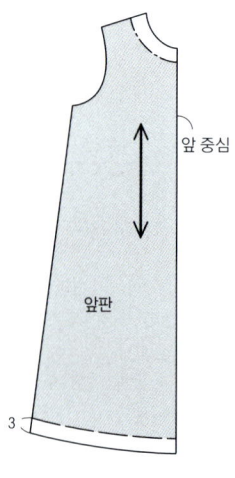
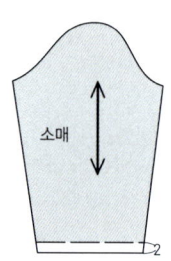

● **몸판에만**

안감은 겉감보다 몸판 밑단을 3cm 줄입니다. 목둘레나 진동둘레에 안단을 달 때는 안단분을 뺍니다.

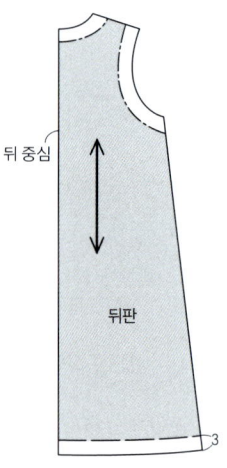
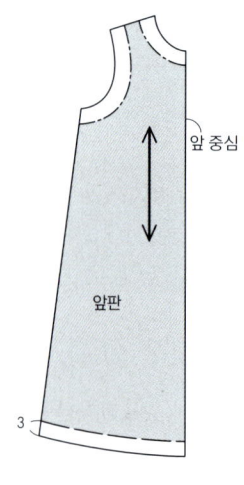

● **스커트에만**

안감은 겉감보다 스커트 밑단을 3cm 줄입니다. 개더스커트에 주름을 잡았는데 볼륨이 생기면 겉감보다 안감 폭을 좁게 하거나 개더를 턱으로 바꿔서 두께를 줄입니다.

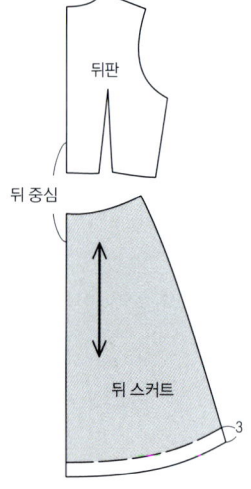
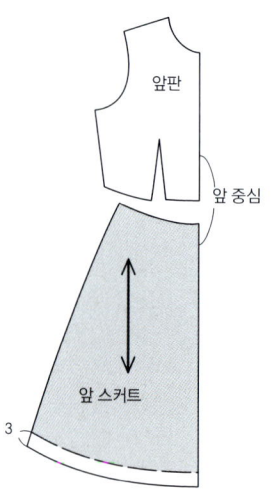

How to make

특별히 지정하지 않은 숫자의 단위는 cm입니다.

●

만드는 법 페이지에 있는 재단 배치도는 기본적으로 가장 큰 15호 기준입니다.
사이즈 또는 원단 폭이 다르면 조정이 필요할 수 있으니
원단에 패턴을 모두 올리고 확인한 다음 재단합니다.

●

무늬 맞추기나 한 방향 재단이 필요한 원단은
재료에 적힌 원단 필요량보다 넉넉하게 준비합니다.

●

실물 크기 패턴은 기준이 되는 선만 그려져 있습니다.
안단 등은 필요에 따라 덧붙여 그립니다.

●

직선으로만 되어 있고 재단 배치도 안에 치수가 적혀 있는 부분은 패턴이 없습니다.
원단에 직접 선을 그려서 재단해야 합니다.

A라인 원피스 ··· 작품 P.18·19

실물 크기 패턴
앞판 ··· 【A】 A라인 앞판(기본)
뒤판 ··· 【B】 A라인 뒤판(기본)
※ 목둘레 안단, 진동둘레 안단은 몸판에서 만든다
  (→ P.83)
※ 미몰레는 10cm, 롱은 20cm만큼 옷 길이를 늘인다
  (→ P.15 '옷 길이를 고친다 1')

재료
컴팩트 30s 스트레치 버버리 ··· 폭 120cm ×
〈레귤러〉 210/220/230/230/230cm
〈미몰레〉 230/240/250/250/250cm
〈롱〉 250/260/270/270/270cm
접착심 ··· 30cm × 60cm
늘어남 방지 테이프 ··· 폭 1.2cm × 120cm
콘실 지퍼 ··· 56cm × 1개

완성 치수
옷 길이 ··· 〈레귤러〉 95/97.5/100.5/100.5/100.5cm
       〈미몰레〉 105/107.5/110.5/110.5/110.5cm
       〈롱〉 115/117.5/120.5/120.5/120.5cm
가슴둘레 ··· 92/96/100/105/110cm

※ 왼쪽 또는 위부터 7 / 9 / 11 / 13 / 15호

재단 배치도

만드는 순서
※ 재단 배치도를 참조해 원단을 재단하고 정해진 위치에 접착심과 늘어남 방지 테이프를 붙인 다음 시접을 처리한다

1 뒤 중심에 지퍼를 단다
2 몸판·목둘레 안단의 어깨선을 박는다
3 목둘레를 목둘레 안단으로 처리한다
4 진동둘레 안단의 어깨선을 박고 진동둘레를 처리한다
5 옆선을 박는다
6 밑단을 한 번 접어서 박는다

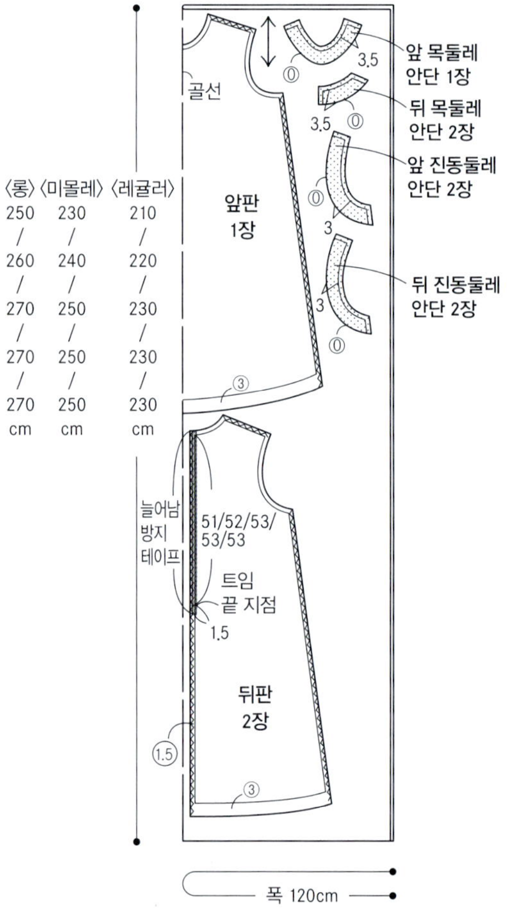

※ ○안의 숫자는 시접, 정해진 곳 이외의 시접은 1cm
※ ▨는 접착심을 붙인다
※ 뒤 중심에 늘어남 방지 테이프를 붙인다
※ ∧∧∧는 시접에 지그재그 스티치

1 뒤 중심에 지퍼를 단다

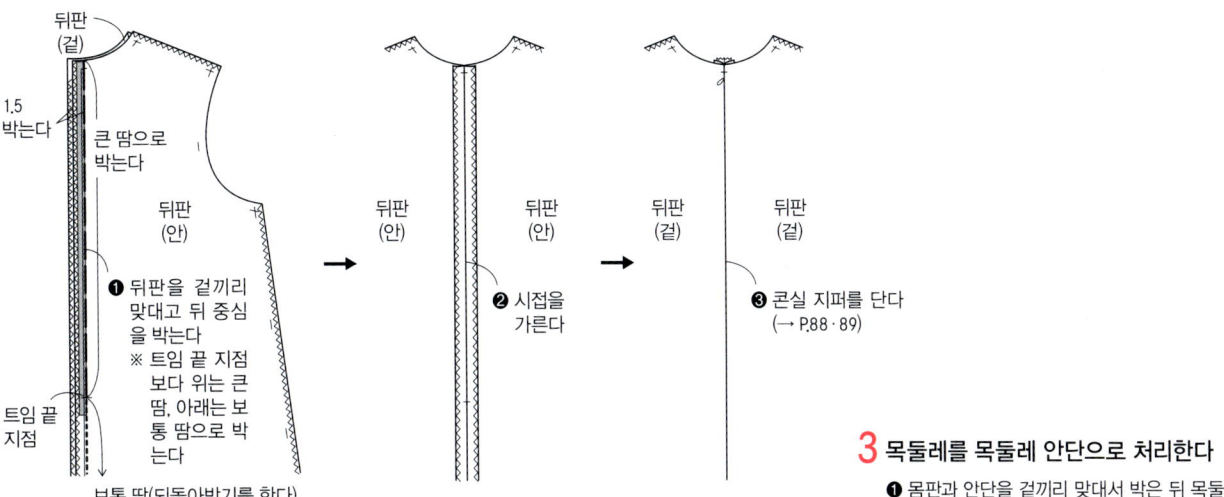

2 몸판·목둘레 안단의 어깨선을 박는다

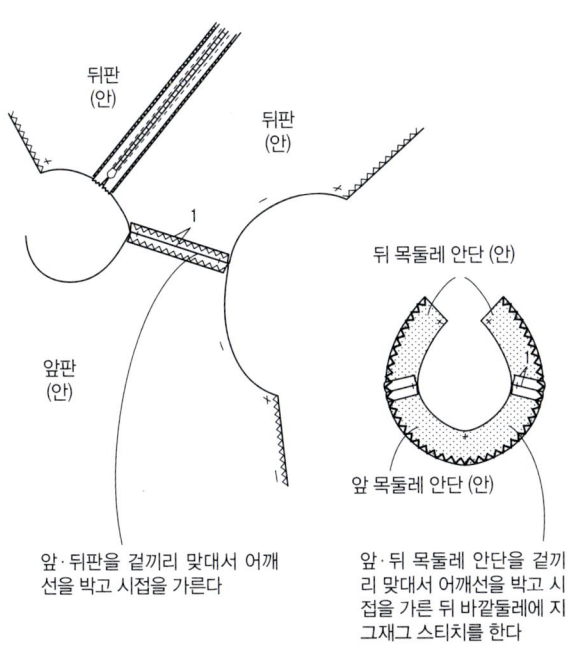

3 목둘레를 목둘레 안단으로 처리한다

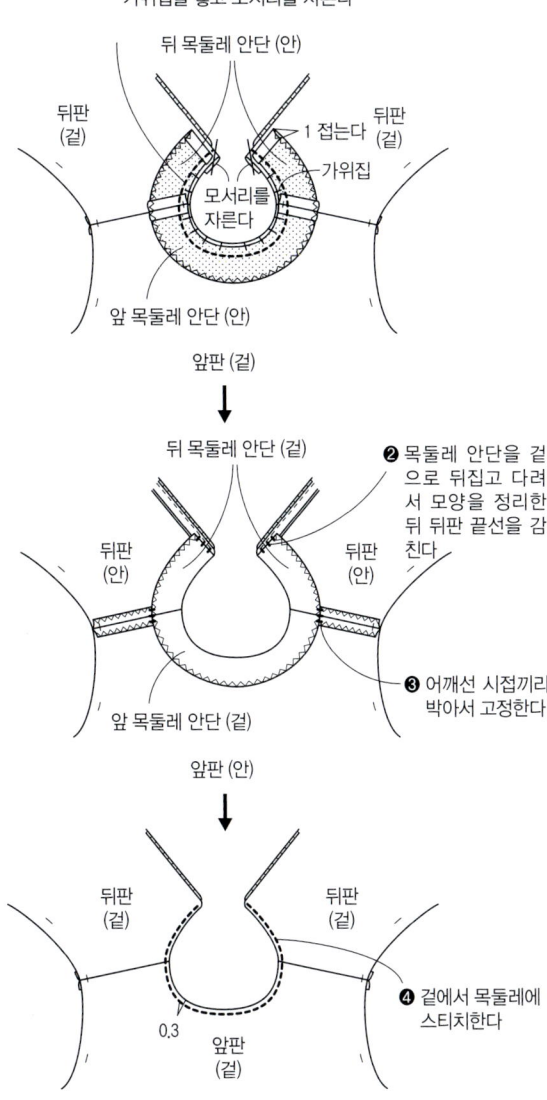

4 진동둘레 안단의 어깨선을 박고 진동둘레를 처리한다

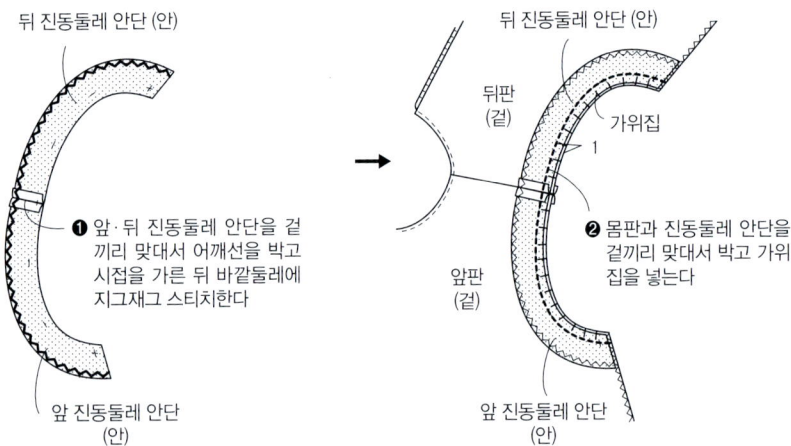

5 옆선을 박는다

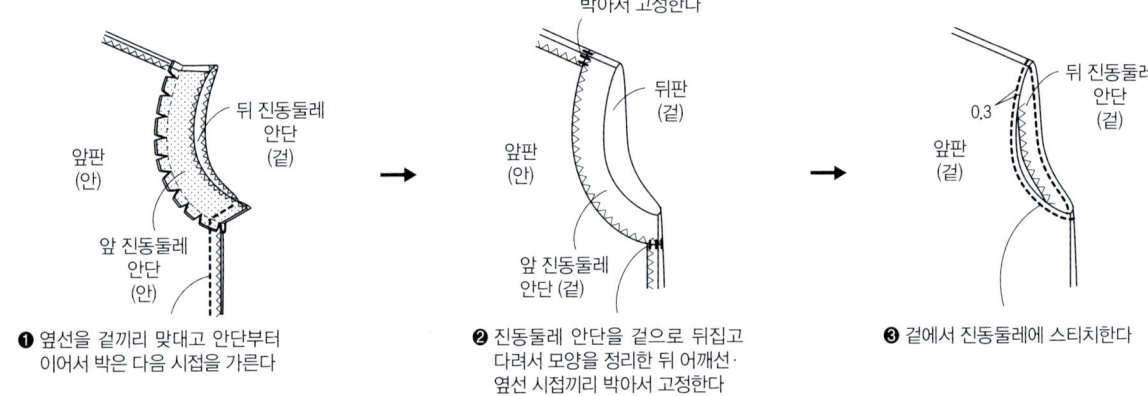

6 밑단을 한 번 접어서 박는다

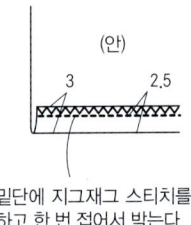

밑단에 지그재그 스티치를 하고 한 번 접어서 박는다

카슈쾨르 원피스 ··· 작품 P.20

실물 크기 패턴
앞판 ··· 【A】 카슈쾨르 웨이스트 절개 앞판
뒤판 ··· 【A】 웨이스트 절개 뒤판
소매 ··· 【B】 5부 소매 벌룬
안 소매 ··· 【E】 기본 소매 5부 소매
※ 앞·뒤 스커트는 재단 배치도에 적힌 치수대로 재단한다

재료
리버티프린트 에어리코토 ··· 폭 약 108cm × 395/405/415/415/415cm
시팅 ··· 폭 110cm × 40cm
벨벳 리본 ··· 폭 2cm × 120cm
리본(속끈용) ··· 폭 1cm × 110cm
양쪽을 접은 바이어스 테이프 ··· 폭 12.7mm × 125cm

완성 치수
옷 길이 ··· 115.5/118/120.5/120.5/120.5cm
가슴둘레 ··· 92/96/100/105/110cm
소매 길이 ··· 29.5/32/34.5/34.5/34.5cm

※ 왼쪽 또는 위부터 7 / 9 / 11 / 13 / 15호

재단 배치도

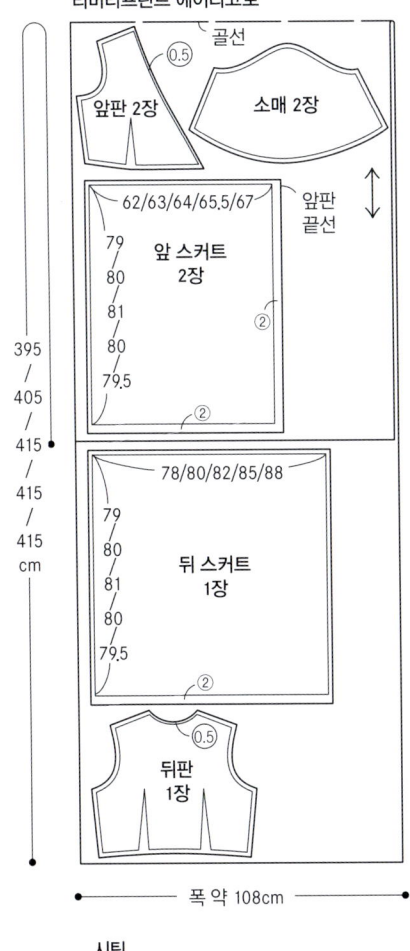

만드는 순서
※ 재단 배치도를 참조해 원단을 재단한다

1 다트를 박는다
2 몸판 어깨선을 박는다
3 목둘레를 바이어스 테이프로 처리한다
4 몸판 옆선을 박는다
5 스커트 옆선을 박는다
6 스커트의 앞판 끝선과 밑단을 두 번 접어서 박는다
7 스커트에 주름을 잡고 몸판과 잇는다
8 소매를 만들어서 몸판에 단다
9 속끈과 리본을 단다

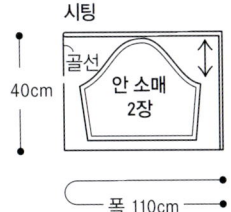

※ ○안의 숫자는 시접, 정해진 곳 이외의 시접은 1cm

1 다트를 박는다

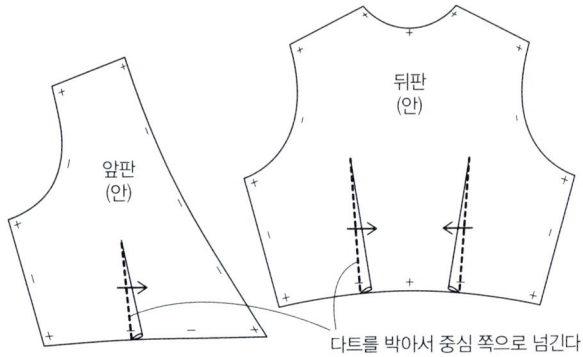

다트를 박아서 중심 쪽으로 넘긴다

2 몸판 어깨선을 박는다

앞·뒤판을 겉끼리 맞대서 어깨선을 박고 시접 2장을 함께 지그재그 스티치해 뒤판 쪽으로 넘긴다

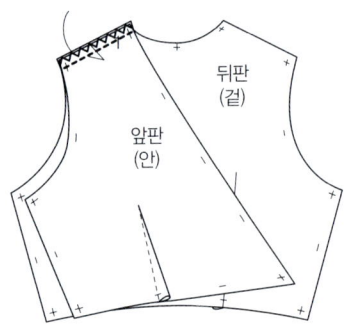

3 목둘레를 바이어스 테이프로 처리한다

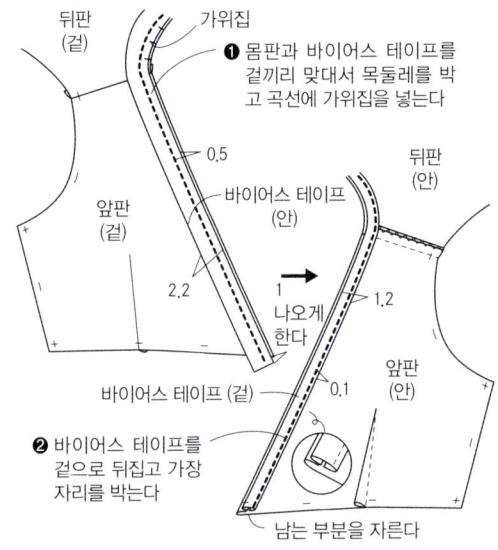

❶ 몸판과 바이어스 테이프를 겉끼리 맞대서 목둘레를 박고 곡선에 가위집을 넣는다

❷ 바이어스 테이프를 겉으로 뒤집고 가장자리를 박는다

남는 부분을 자른다

4 몸판 옆선을 박는다

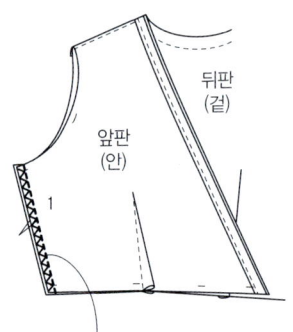

앞·뒤판을 겉끼리 맞대서 옆선을 박고 시접 2장을 함께 지그재그 스티치해 뒤판 쪽으로 넘긴다

5 스커트 옆선을 박는다
6 스커트의 앞판 끝선과 밑단을 두 번 접어서 박는다

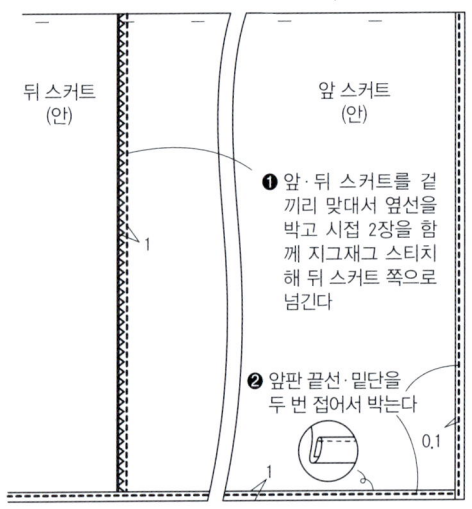

❶ 앞·뒤 스커트를 겉끼리 맞대서 옆선을 박고 시접 2장을 함께 지그재그 스티치해 뒤 스커트 쪽으로 넘긴다

❷ 앞판 끝선·밑단을 두 번 접어서 박는다

7 스커트에 주름을 잡고 몸판과 잇는다

8 소매를 만들어서 몸판에 단다

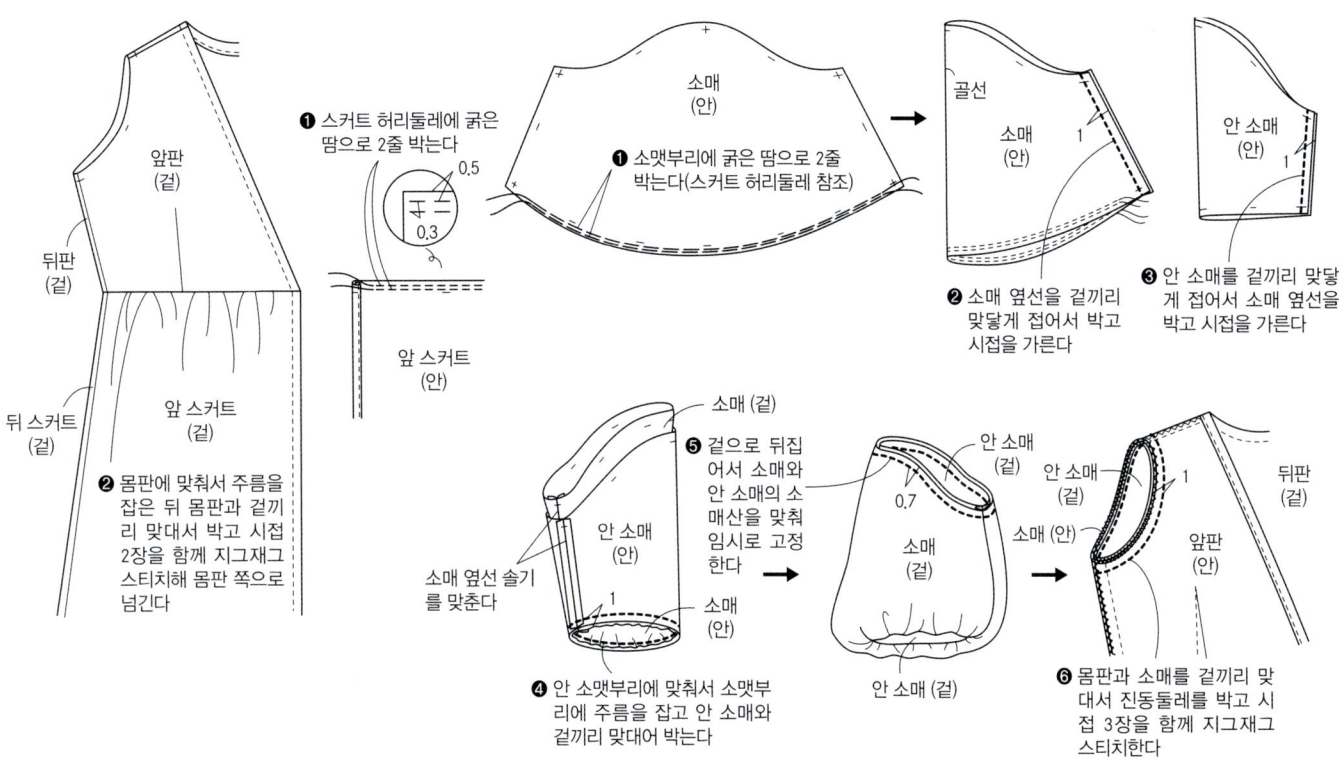

9 속끈과 리본을 단다

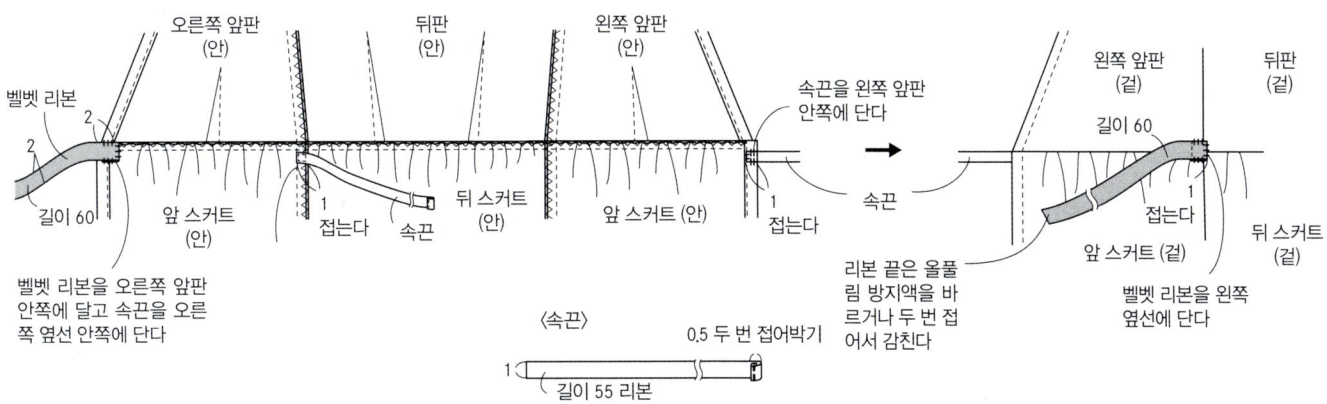

빅 실루엣 원피스 ··· 작품 P.21

실물 크기 패턴
앞판 ··· 【E】 빅 실루엣 앞판(플레어)
뒤판 ··· 【E】 빅 실루엣 뒤판(플레어)
※ 목둘레 안단, 진동둘레 안단은 몸판에서 만든다
　(→ P.83)
※ 덧단은 재단 배치도에 적힌 치수대로 재단한다

재료
오리지널 컬러 리넨
··· 폭 105cm × 210/220/230cm
※ 13·15호는 원단 폭 110cm 이상 필요
접착심 ··· 40cm × 60cm
단추 ··· 지름 1.3cm × 4개

완성 치수
옷 길이 ··· 95/97.5/100.5cm
가슴둘레 ··· 106/110/115cm

※ 왼쪽 또는 위부터 7/9 · 11/13 · 15호

재단 배치도

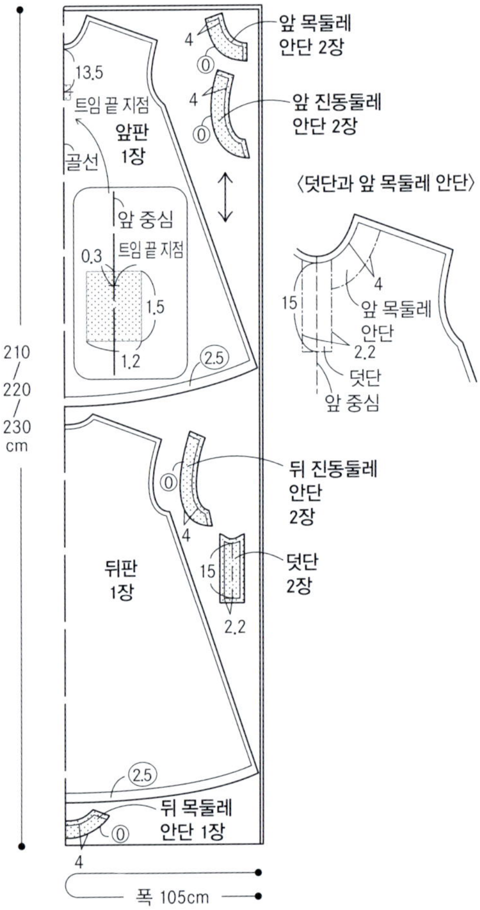

만드는 순서
※ 재단 배치도를 참조해 원단을 재단하고 정해진 위치에 접착심을 붙인다

1 몸판·목둘레 안단의 어깨선을 박는다
2 목둘레를 목둘레 안단으로 처리하고 덧단으로 앞트임을 만든다
3 진동둘레 안단을 박고 진동둘레를 처리한다
4 옆선을 박는다
5 밑단을 두 번 접어서 박는다
6 단춧구멍을 만들고 단추를 단다

※ ○안의 숫자는 시접. 정해진 곳 이외의 시접은 1cm
※ ▦는 접착심을 붙인다
※ 재단 배치도는 9·11호를 배치

1 몸판·목둘레 안단의 어깨선을 박는다

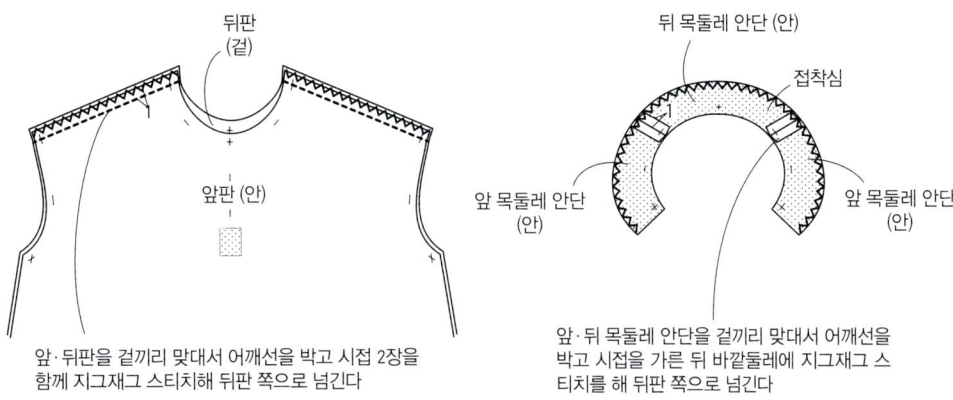

앞·뒤판을 겉끼리 맞대서 어깨선을 박고 시접 2장을 함께 지그재그 스티치해 뒤판 쪽으로 넘긴다

앞·뒤 목둘레 안단을 겉끼리 맞대서 어깨선을 박고 시접을 가른 뒤 바깥둘레에 지그재그 스티치를 해 뒤판 쪽으로 넘긴다

2 목둘레를 목둘레 안단으로 처리하고 덧단으로 앞트임을 만든다

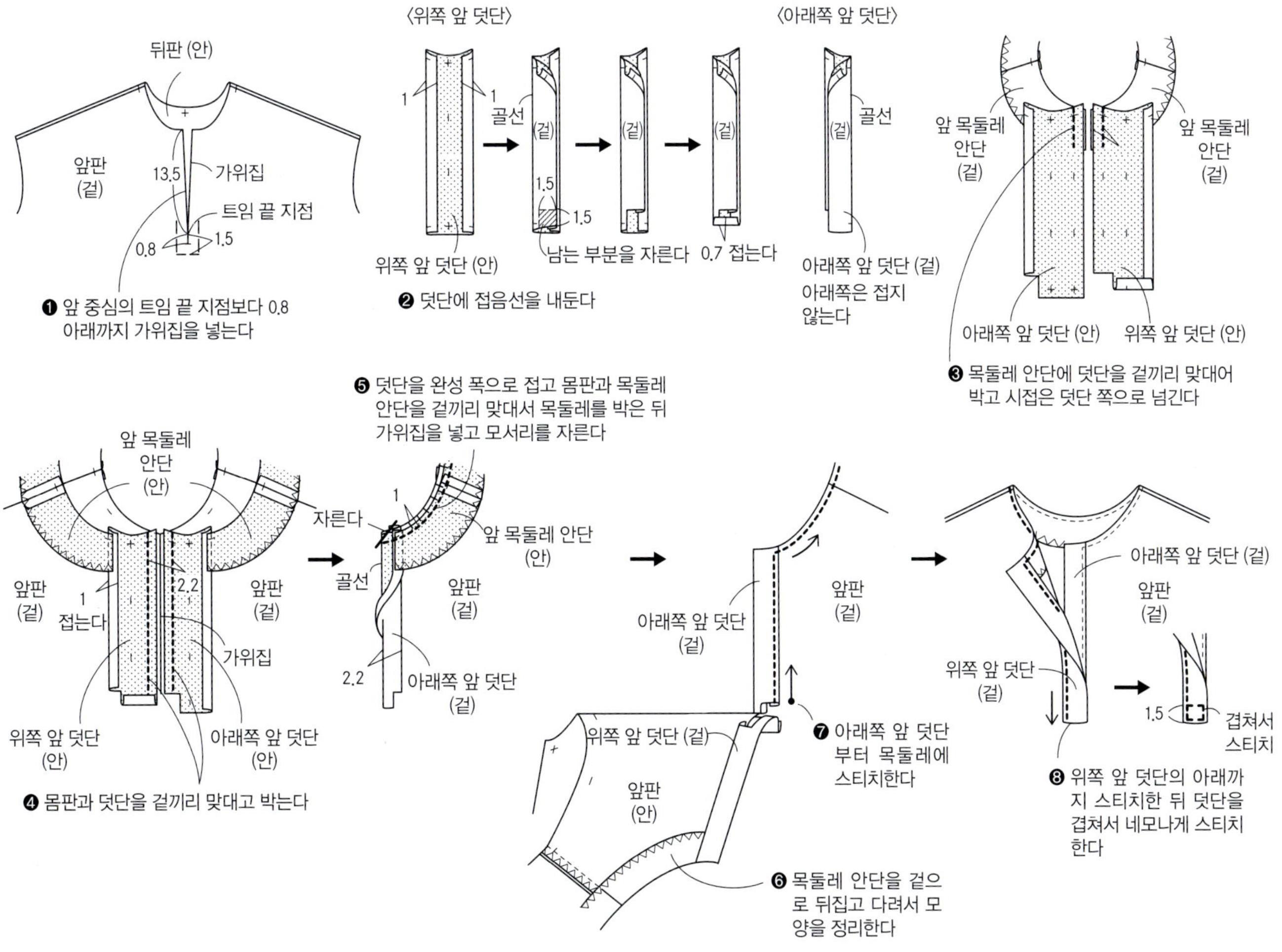

❶ 앞 중심의 트임 끝 지점보다 0.8 아래까지 가위집을 넣는다

❷ 덧단에 접음선을 내둔다

❸ 목둘레 안단에 덧단을 겉끼리 맞대어 박고 시접은 덧단 쪽으로 넘긴다

❹ 몸판과 덧단을 겉끼리 맞대고 박는다

❺ 덧단을 완성 폭으로 접고 몸판과 목둘레 안단을 겉끼리 맞대서 목둘레를 박은 뒤 가위집을 넣고 모서리를 자른다

❻ 목둘레 안단을 겉으로 뒤집고 다려서 모양을 정리한다

❼ 아래쪽 앞 덧단부터 목둘레에 스티치한다

❽ 위쪽 앞 덧단의 아래까지 스티치한 뒤 덧단을 겹쳐서 네모나게 스티치한다

3 진동둘레 안단을 박고 진동둘레를 처리한다

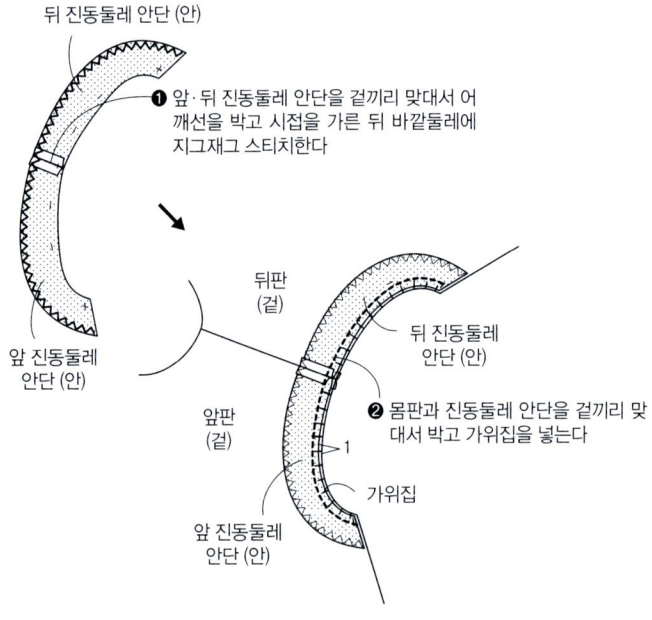

4 옆선을 박는다

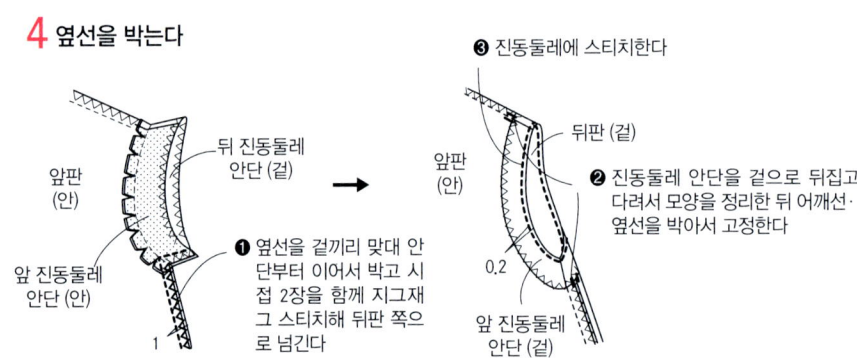

5 밑단을 두 번 접어서 박는다

6 단춧구멍을 만들고 단추를 단다

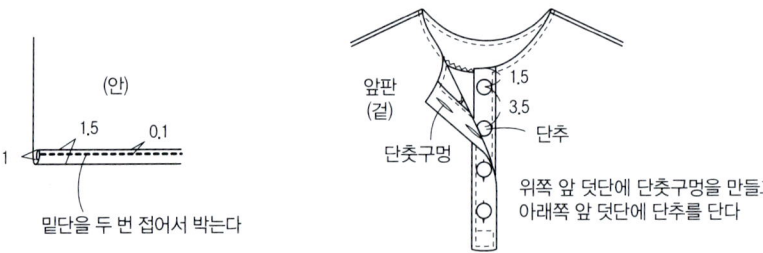

롤칼라 원피스 … 작품 P.22

실물 크기 패턴
앞판 … 【B】 하이웨이스트 절개 앞판
뒤판 … 【B】 하이웨이스트 절개 뒤판
앞 목둘레 … 【E】 앞 목둘레 ① 롤칼라
뒤 목둘레 … 【E】 뒤 목둘레 ① 롤칼라
※ 목둘레 안단, 진동둘레 안단은 몸판에서 만든다 (→ P.83)
※ 앞·뒤 스커트 치수(→ P.38)
※ 칼라는 재단 배치도에 적힌 치수대로 재단한다. 작품은 원단의 줄무늬를 우선하려고 직선으로 재단했지만, 무늬 없는 원단은 패턴(→ P.86)을 사용한다

재료
시어서커 스트레치 니트
… 폭 160cm × 180/190/200/200/200cm
접착심 … 90cm × 30cm
늘어남 방지 테이프 … 폭 1.2cm × 80cm
콘실 지퍼 … 56cm × 1개

완성 치수
옷 길이 … 95/97/100/100/100cm
가슴둘레 … 92/96/100/105/110cm

※ 왼쪽 또는 위부터 7 / 9 / 11 / 13 / 15호

재단 배치도

만드는 순서
※ 재단 배치도를 참조해 원단을 재단해서 정해진 위치에 접착심과 늘어남 방지 테이프를 붙이고 시접을 처리한다

1 다트를 박는다 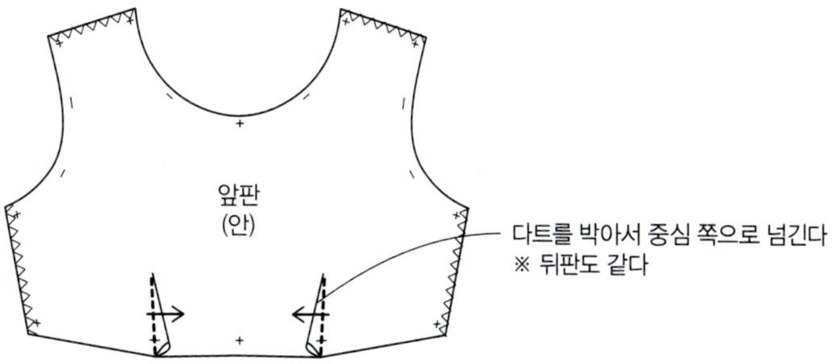
2 턱을 접는다
3 몸판과 스커트를 잇는다
4 어깨선을 박는다
5 칼라를 만든다
6 목둘레 안단을 만들고 몸판에 칼라를 단다
7 옆선을 박는다(왼쪽 옆선에는 콘실 지퍼를 단다)
8 진동둘레를 진동둘레 안단으로 처리한다
9 밑단을 한 번 접어서 박는다

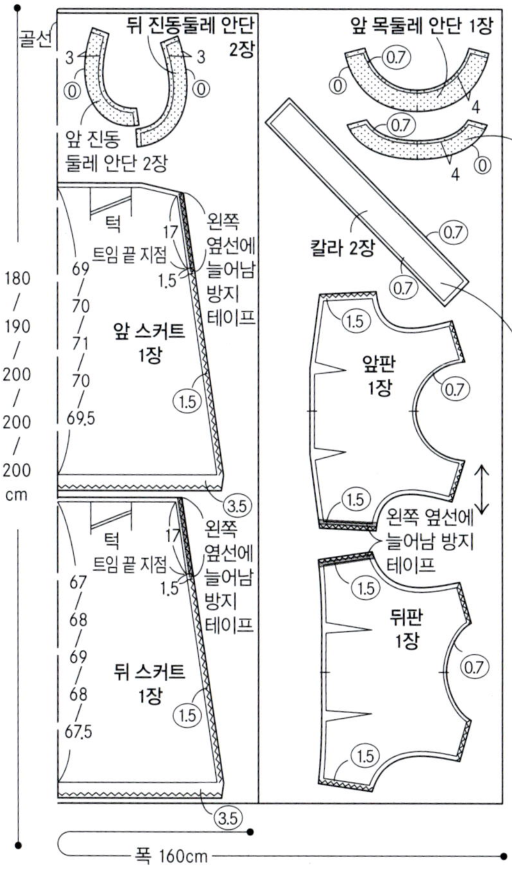

※ ○안의 숫자는 시접, 정해진 곳 이외의 시접은 1cm
※ ▒는 접착심을 붙인다
※ 왼쪽 옆선에 늘어남 방지 테이프를 붙인다
※ ⋀⋀는 시접에 지그재그 스티치

〈칼라 치수〉
60.8 / 62 / 62.8 / 64 / 65.2
앞 중심 어깨선 뒤 중심
● = 13.3 / 13.7 / 13.9 / 14.1 / 14.4
★ = 17.1 / 17.3 / 17.5 / 17.9 / 18.2

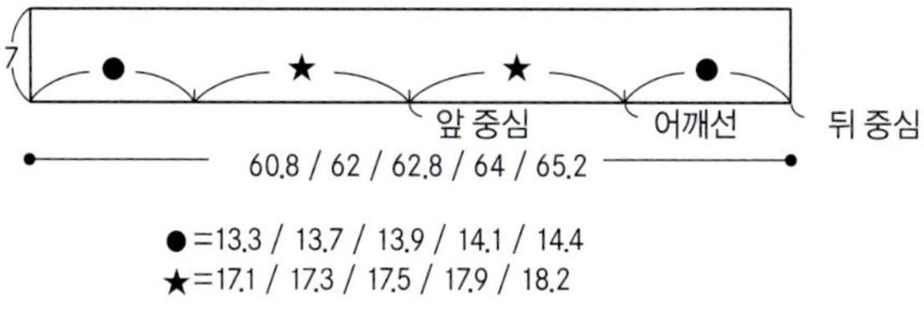

1 다트를 박는다

다트를 박아서 중심 쪽으로 넘긴다
※ 뒤판도 같다

2 턱을 접는다

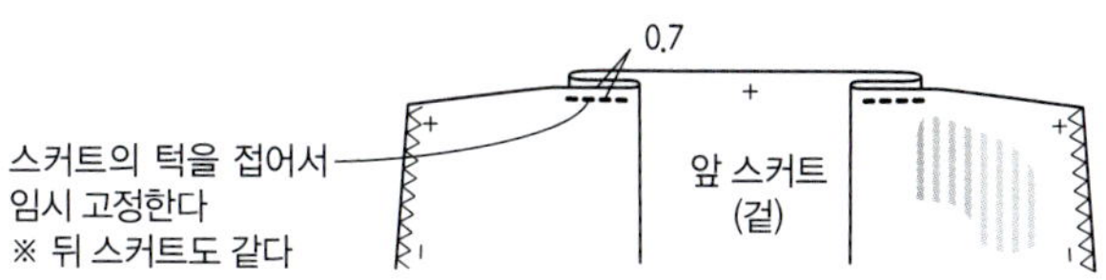

스커트의 턱을 접어서 임시 고정한다
※ 뒤 스커트도 같다

3 몸판과 스커트를 잇는다

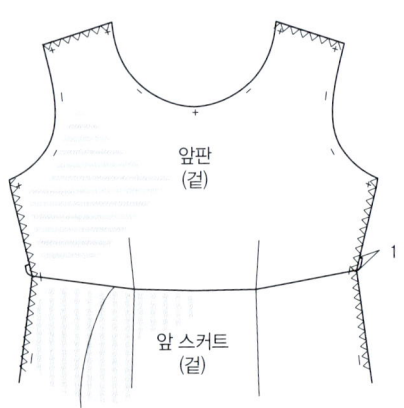

4 어깨선을 박는다

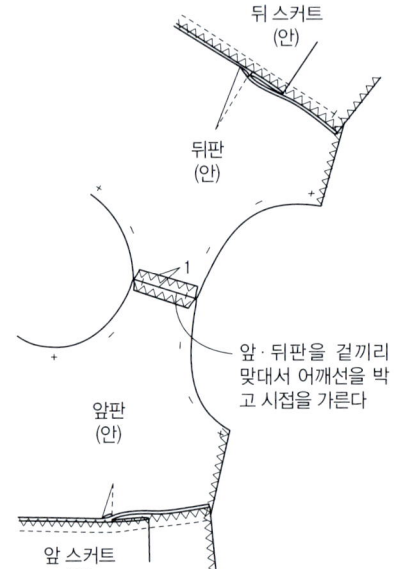

5 칼라를 만든다

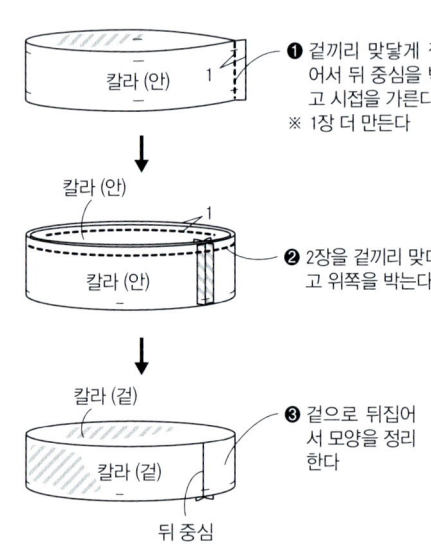

6 목둘레 안단을 만들고 몸판에 칼라를 단다

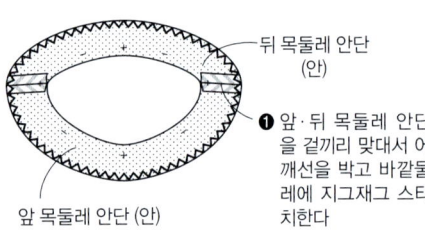
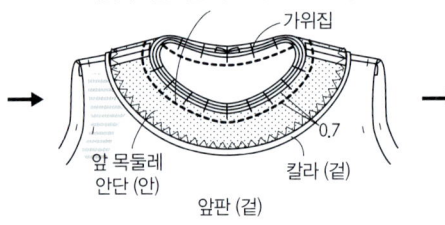
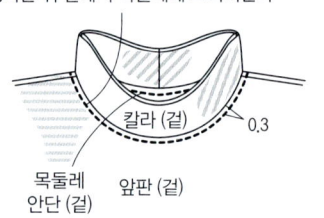

7 옆선을 박는다
(왼쪽 옆선에는 콘실 지퍼를 단다)

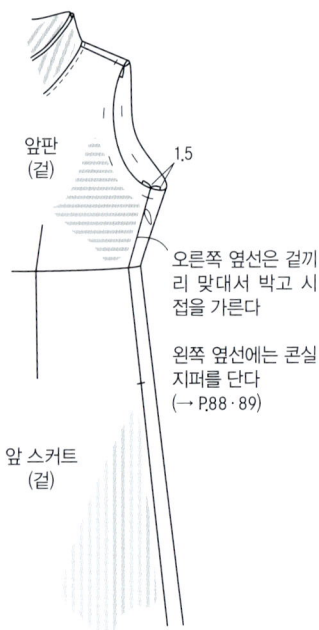

8 진동둘레를 진동둘레 안단으로 처리한다

9 밑단을 한 번 접어서 박는다

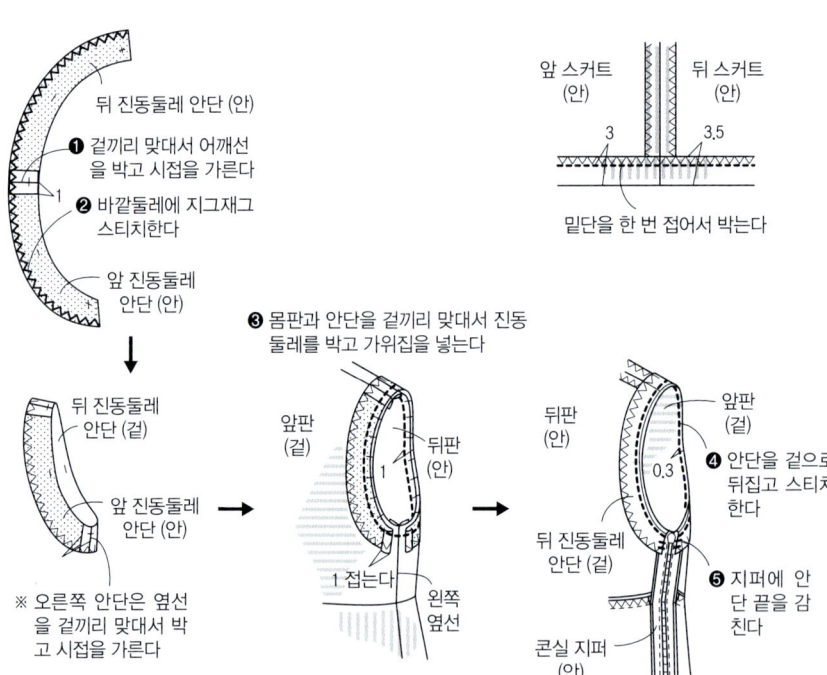

패널 라인 원피스 ··· 작품 P.23

※ 왼쪽 또는 위부터 7 / 9 / 11 / 13 / 15호

실물 크기 패턴

앞판·앞옆판 ···【C】패널 라인 앞판(기본)
뒤판·뒤옆판 ···【D】패널 라인 뒤판(기본)
소매 ···【E】기본 소매 긴소매
앞 목둘레 ···【E】앞 목둘레 ① 라운드넥(넓게)
뒤 목둘레 ···【E】뒤 목둘레 ① 라운드넥(넓게)
※ 안단은 몸판에서 만든다(→ P.83)
※ 안 몸판은 겉 몸판보다 옷 길이를 밑단선에서 평행으로 3cm 줄인다
※ 안 몸판 목둘레는 안단분 4cm를 뺀다
※ 안 소매는 겉 소매보다 소매 길이를 소맷부리선에서 평행으로 2cm 줄인다

재료

믹스 트위드 ··· 폭 110cm × 290/300/310/310/310cm
큐프라 ··· 폭 92cm × 350/360/370/370/370cm
접착심 ··· 65cm × 20cm
늘어남 방지 테이프 ··· 폭 1.2cm × 120cm
콘실 지퍼 ··· 56cm × 1개

완성 치수

옷 길이 ··· 95/97.5/100.5/100.5/100.5cm
가슴둘레 ··· 91.2/95.2/99.2/104.2/109.2cm

재단 배치도

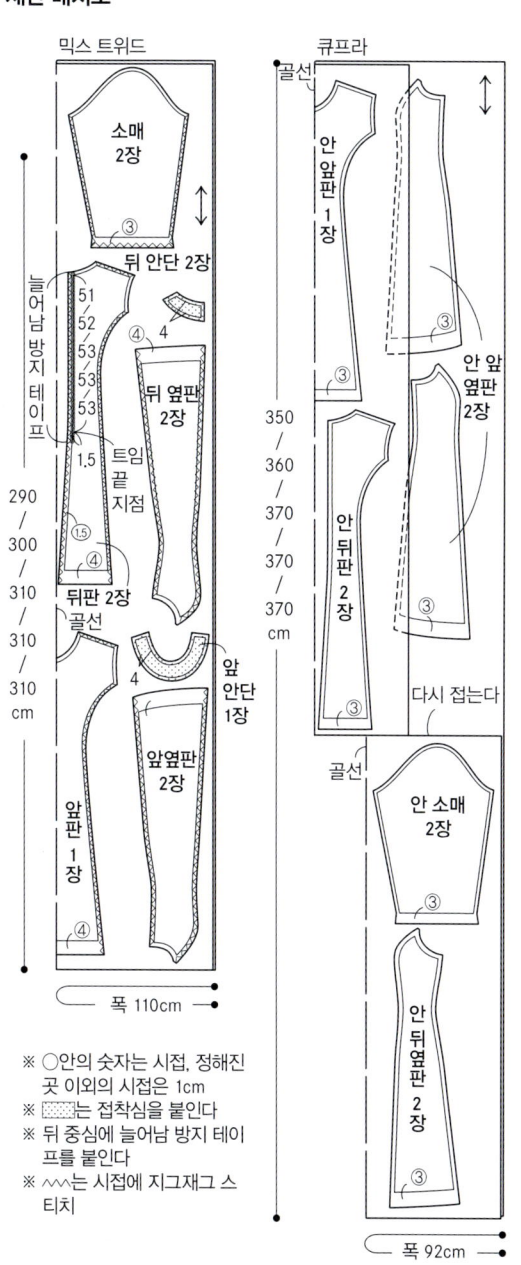

※ ○안의 숫자는 시접, 정해진 곳 이외의 시접은 1cm
※ ▨는 접착심을 붙인다
※ 뒤 중심에 늘어남 방지 테이프를 붙인다
※ ∧∧∧는 시접에 지그재그 스티치

만드는 순서

※ 재단 배치도를 참조해 원단을 재단해서 정해진 위치에 접착심과 늘어남 방지 테이프를 붙이고 시접을 처리한다

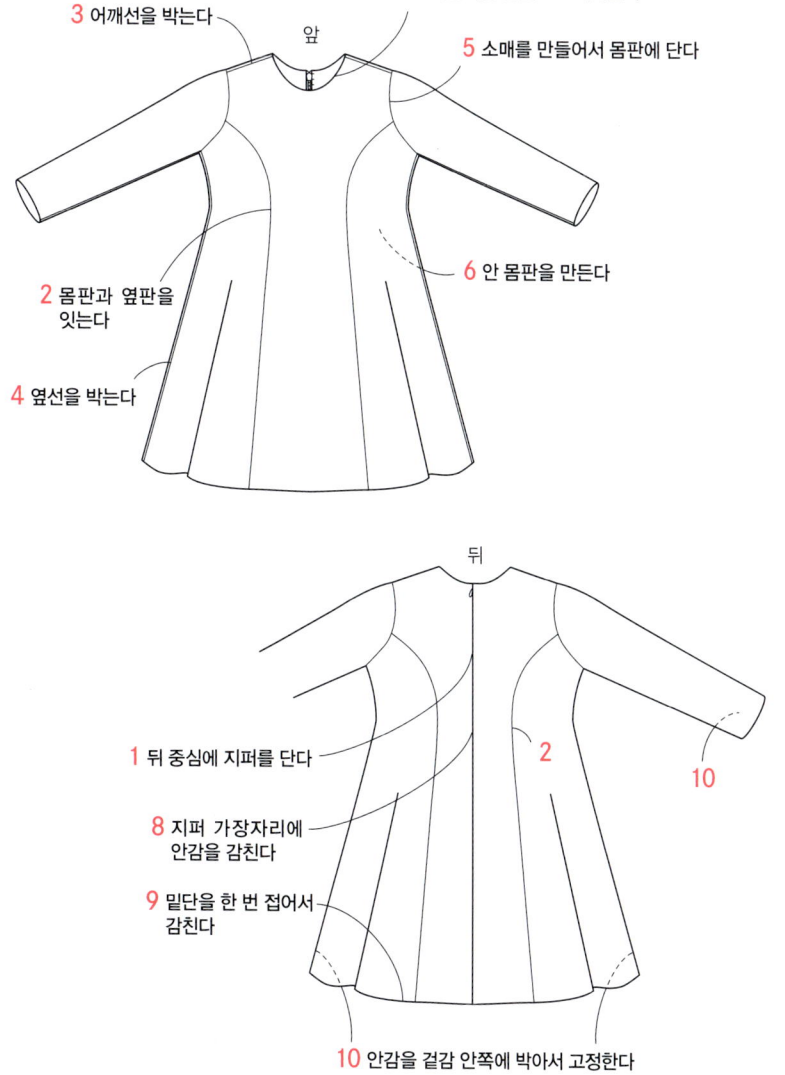

1 뒤 중심에 지퍼를 단다
2 몸판과 옆판을 잇는다
3 어깨선을 박는다
4 옆선을 박는다
5 소매를 만들어서 몸판에 단다
6 안 몸판을 만든다
7 목둘레를 안단으로 처리한다
8 지퍼 가장자리에 안감을 감친다
9 밑단을 한 번 접어서 감친다
10 안감을 겉감 안쪽에 박아서 고정한다

Sewing Pattern Book
Dress

1 뒤 중심에 지퍼를 단다

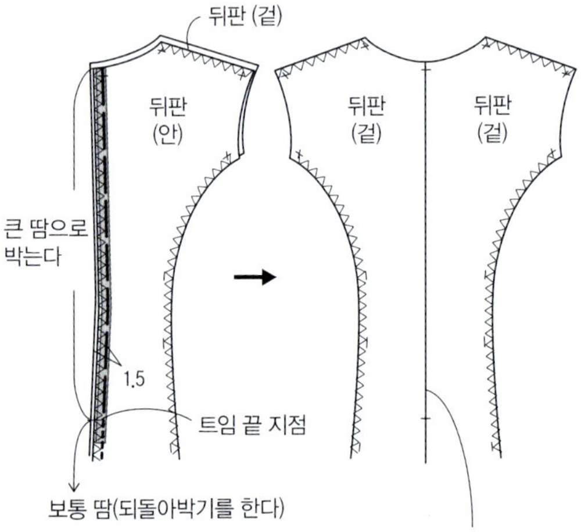

❶ 뒤판을 겉끼리 맞대고 뒤 중심을 박는다
※ 트임 끝 지점보다 위는 큰 땀, 아래는 보통 땀으로 박는다

❷ 시접을 가르고 콘실 지퍼를 단다 (→ P.88·89)

2 몸판과 옆판을 잇는다

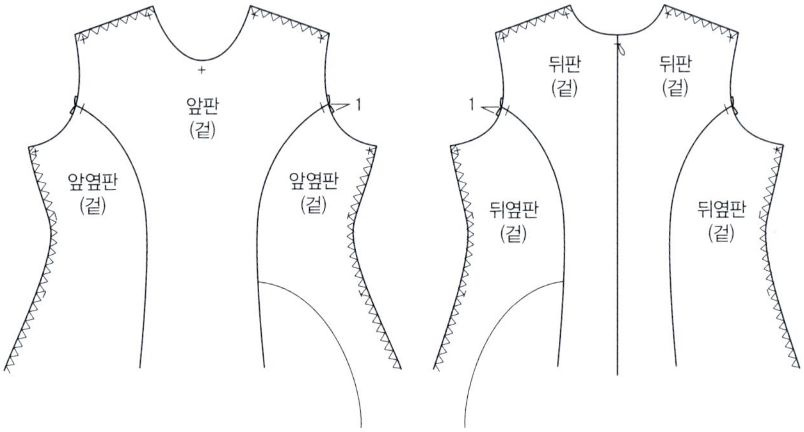

몸판과 옆판을 겉끼리 맞대서 패널선을 박고 시접을 가른다

3 어깨선을 박는다

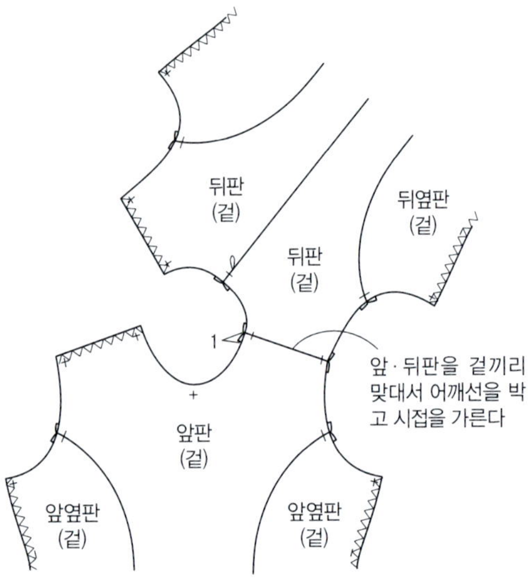

앞·뒤판을 겉끼리 맞대서 어깨선을 박고 시접을 가른다

4 옆선을 박는다

앞·뒤옆판을 겉끼리 맞대서 어깨선을 박고 시접을 가른다

5 소매를 만들어서 몸판에 단다

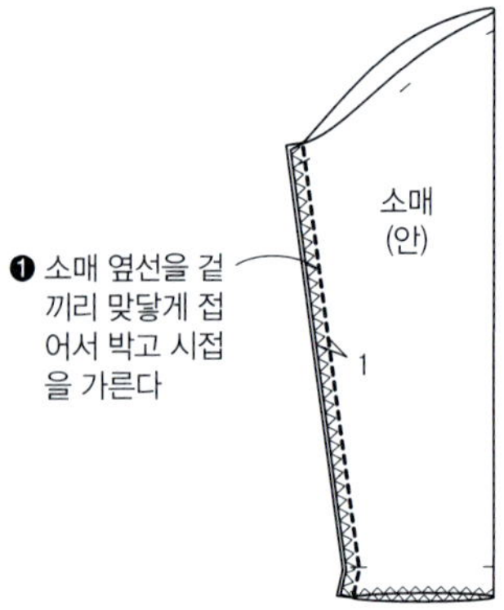

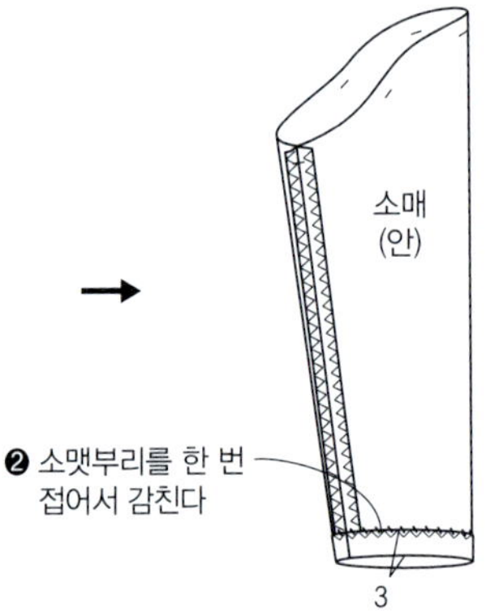

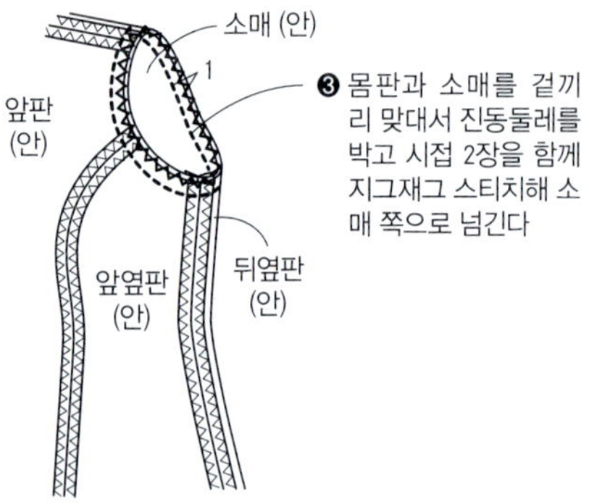

❶ 소매 옆선을 겉끼리 맞닿게 접어서 박고 시접을 가른다

❷ 소맷부리를 한 번 접어서 감친다

❸ 몸판과 소매를 겉끼리 맞대서 진동둘레를 박고 시접 2장을 함께 지그재그 스티치해 소매 쪽으로 넘긴다

Sewing Pattern Book
Dress

6 안 몸판을 만든다

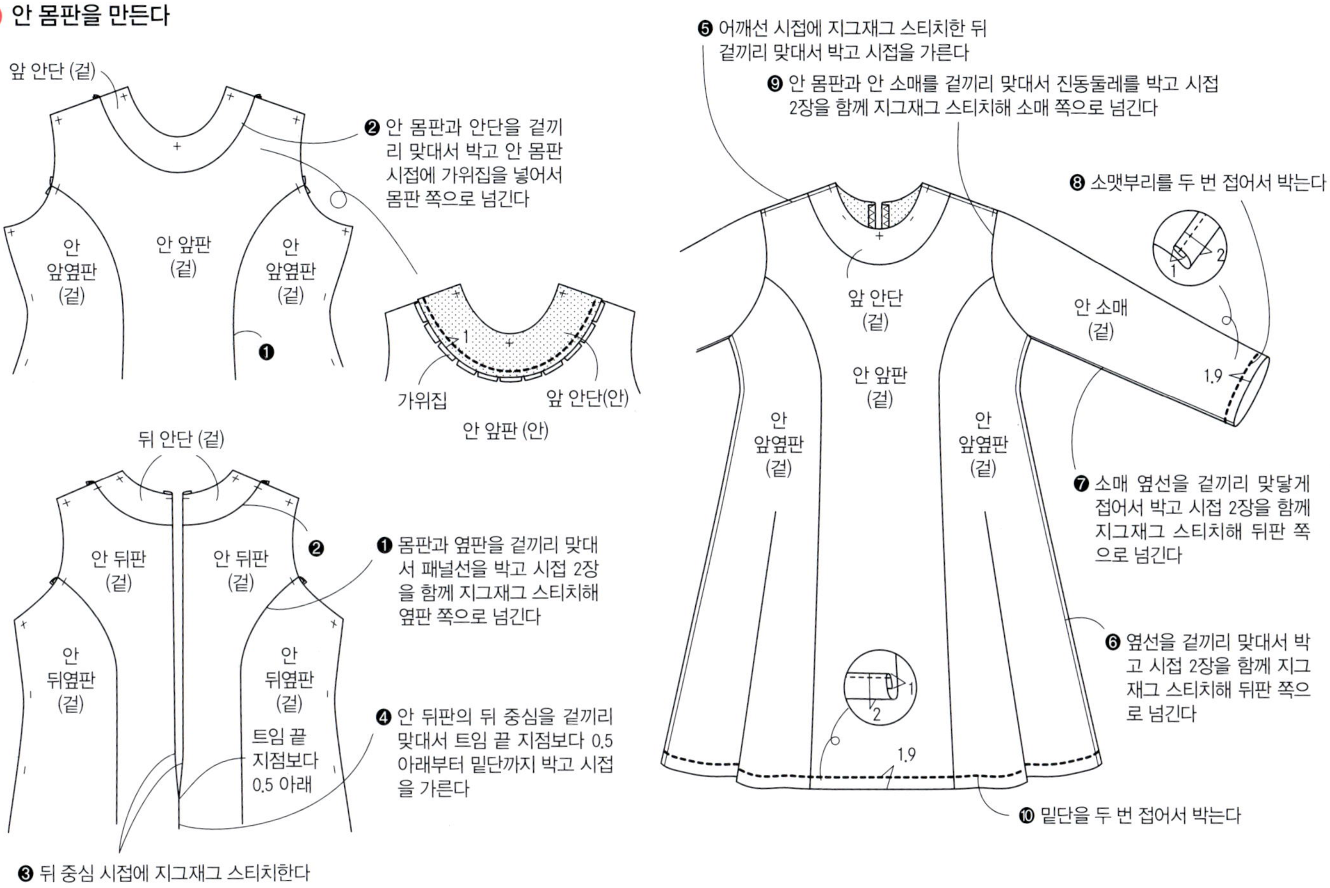

❶ 몸판과 옆판을 겉끼리 맞대서 패널선을 박고 시접 2장을 함께 지그재그 스티치해 옆판 쪽으로 넘긴다

❷ 안 몸판과 안단을 겉끼리 맞대서 박고 안 몸판 시접에 가위집을 넣어서 몸판 쪽으로 넘긴다

❸ 뒤 중심 시접에 지그재그 스티치한다

❹ 안 뒤판의 뒤 중심을 겉끼리 맞대서 트임 끝 지점보다 0.5 아래부터 밑단까지 박고 시접을 가른다

❺ 어깨선 시접에 지그재그 스티치한 뒤 겉끼리 맞대서 박고 시접을 가른다

❻ 옆선을 겉끼리 맞대서 박고 시접 2장을 함께 지그재그 스티치해 뒤판 쪽으로 넘긴다

❼ 소매 옆선을 겉끼리 맞닿게 접어서 박고 시접 2장을 함께 지그재그 스티치해 뒤판 쪽으로 넘긴다

❽ 소맷부리를 두 번 접어서 박는다

❾ 안 몸판과 안 소매를 겉끼리 맞대서 진동둘레를 박고 시접 2장을 함께 지그재그 스티치해 소매 쪽으로 넘긴다

❿ 밑단을 두 번 접어서 박는다

7 목둘레를 안단으로 처리한다

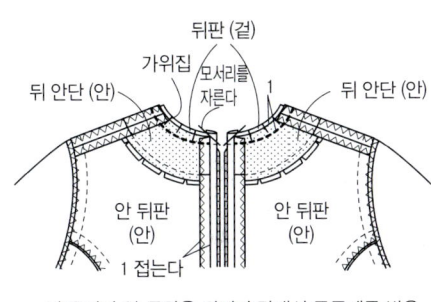

겉 몸판과 안 몸판을 겉끼리 맞대서 목둘레를 박은 뒤 곡선에 가위집을 넣고 모서리를 자른다

8 지퍼 가장자리에 안감을 감친다

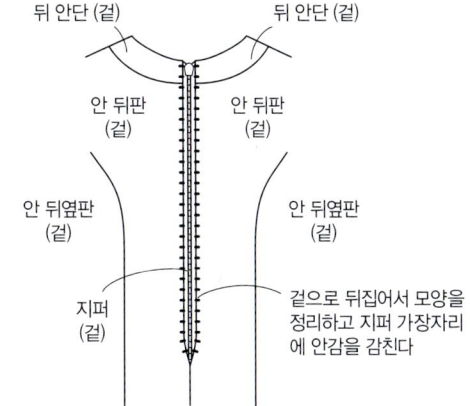

겉으로 뒤집어서 모양을 정리하고 지퍼 가장자리에 안감을 감친다

9 밑단을 한 번 접어서 감친다

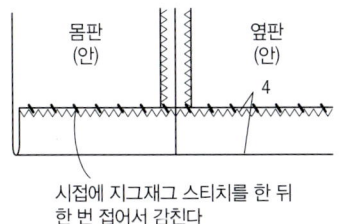

시접에 지그재그 스티치를 한 뒤 한 번 접어서 감친다

10 안감을 겉감 안쪽에 박아서 고정한다

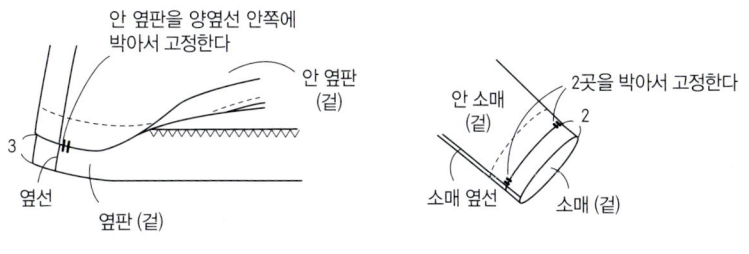

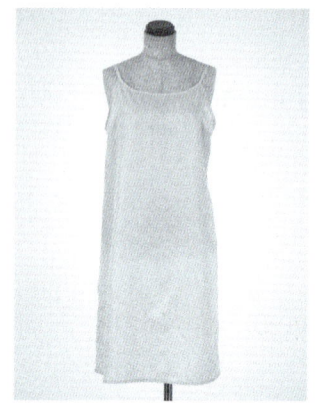

캐미솔 ··· 작품 P.24

실물 크기 패턴
앞판 ···【E】캐미솔 앞판
뒤판 ···【E】캐미솔 뒤판

재료
큐프라 ···폭 92cm × 240/250/260/260/260cm
○링 ···안지름 1cm × 2개
길이 조절 고리 ··· 안지름 1cm × 2개

완성 치수
옷 길이(뒤 중심의 위쪽 끝~밑단)
··· 67/69/71.5/70.5/69.5cm
가슴둘레 ··· 83.5/87.5/91.5/96.5/101.5cm

※ 왼쪽 또는 위부터 7 / 9 / 11 / 13 / 15호

재단 배치도

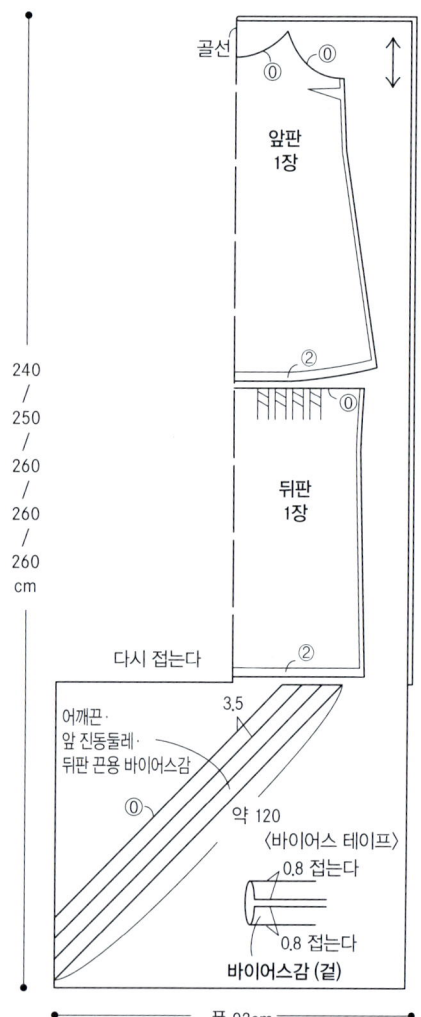

만드는 순서
※ 재단 배치도를 참조해 원단을 재단하고 바이어스 테이프를 만들어둔다

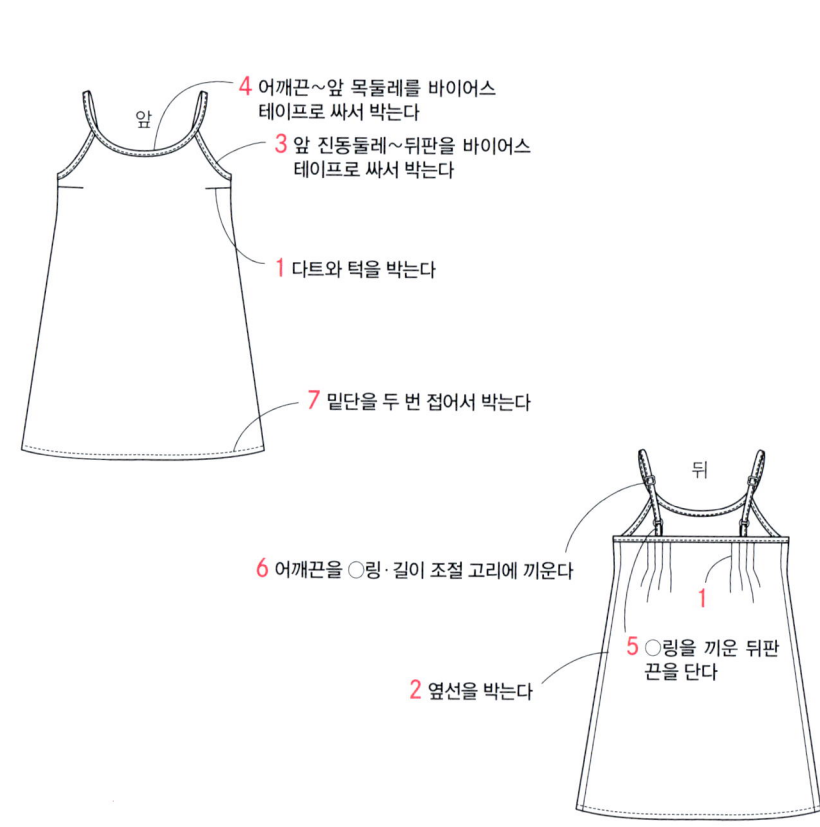

1 다트와 턱을 박는다
2 옆선을 박는다
3 앞 진동둘레~뒤판을 바이어스 테이프로 싸서 박는다
4 어깨끈~앞 목둘레를 바이어스 테이프로 싸서 박는다
5 ○링을 끼운 뒤판 끈을 단다
6 어깨끈을 ○링·길이 조절 고리에 끼운다
7 밑단을 두 번 접어서 박는다

※ ○안의 숫자는 시접, 정해진 곳 이외의 시접은 1cm

1 다트와 턱을 박는다

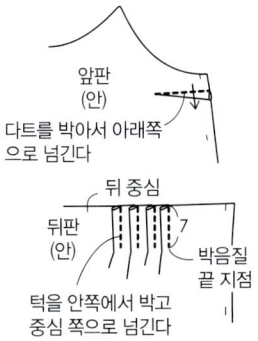

2 옆선을 박는다

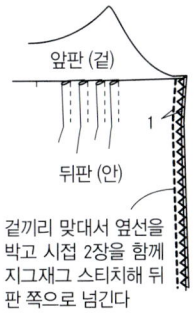

3 앞 진동둘레~뒤판을 바이어스 테이프로 싸서 박는다

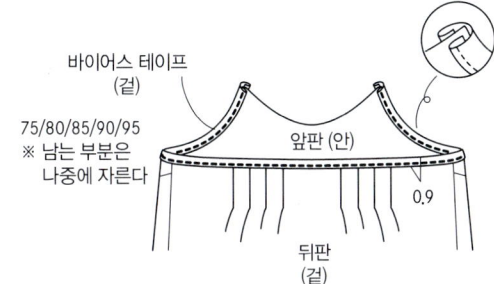

4 어깨끈~앞 목둘레를 바이어스 테이프로 싸서 박는다

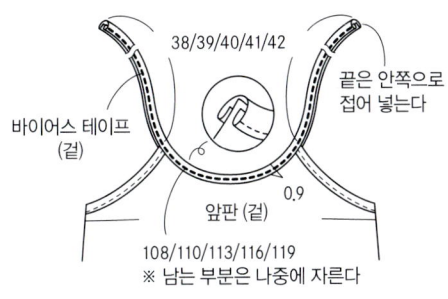

5 ○링을 끼운 뒤판 끈을 단다

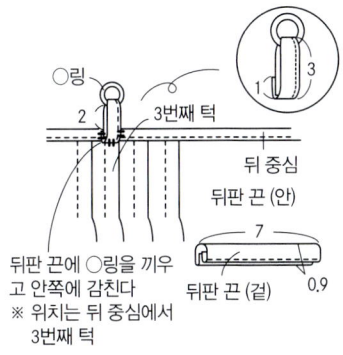

6 어깨끈을 ○링·길이 조절 고리에 끼운다

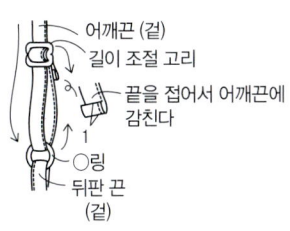

7 밑단을 두 번 접어서 박는다

"ONE-PIECE NO KIHON PATTERN-SHU" (NV70556) by Yoko Nogi
Copyright © Yoko Nogi / NIHON VOGUE-SHA 2020
All rights reserved.
First published in Japan in 2020 by NIHON VOGUE Corp.
Photographer: Noriaki Moriya

This Korean edition is published by arrangement with NIHON VOGUE Corp.,
Tokyo in care of Tuttle-Mori Agency, Inc., Tokyo through Botong Agency, Seoul

이 책의 한국어판 저작권은 Botong Agency를 통한 저작권자와 독점 계약으로 한스미디어가 소유합니다.
신 저작권법에 의하여 한국 내에서 보호를 받는 저작물이므로 무단전재와 무단복제를 금합니다.
이 책에 게재되어 있는 작품을 복제하여 판매하는 것은 금지되어 있습니다.

Dress
원피스 기본 패턴집

1판 1쇄 인쇄 | 2021년 3월 31일
1판 4쇄 발행 | 2025년 4월 28일

지은이 노기 요코
옮긴이 남궁가윤
펴낸이 김기옥

편집 라이프스타일팀 이나리, 장윤선, 김민주
마케터 이지수
지원 고광현, 김형식

디자인 푸른나무디자인
인쇄·제본 민언프린텍

펴낸곳 한스미디어(한즈미디어(주))
주소 121-839 서울시 마포구 양화로 11길 13(서교동, 강원빌딩 5층)
전화 02-707-0337 | **팩스** 02-707-0198 | **홈페이지** www.hansmedia.com
출판신고번호 제 313-2003-227호 | **신고일자** 2003년 6월 25일

ISBN 979-11-6007-591-5 13590

책값은 뒤표지에 있습니다.
잘못 만들어진 책은 구입하신 서점에서 교환해 드립니다.